すごい会話のタネ700

たった10秒で使える教養が見つかる！

話題の達人倶楽部［編］

青春出版社

はじめに

この世の中には、どうして、そんなことが?! と耳を疑う話があるもの。砂漠の国には、砂を輸入している国がある。99円ショップで買うと、100円ショップよりも2円得になる。「ろりろり」という副詞がある。値段の高いトマトほど水に沈む……。

もちろん、それを知るだけでもかなりの驚きや発見があるはずだが、他人に話せば、驚かせ、惹きつけ、その場を盛り上げることができる、というわけで、本書には、極上の「会話のタネ」を集めに集めて紹介した。

グルメ、スポーツ、芸能、日本語、地理、歴史、科学、生物、健康など硬軟さまざまなテーマで、状況にあわせた魅力的な話題を提供できる人になれる「虎の巻」である。

防犯カメラの画像がいまどき白黒なのは? りんごの「ミツ」の正体は? コロコロ島ってどんなところ? なぜ時代劇では「一巻の終わり」という言葉を使えないの? など好奇心を刺激する項目がそろっているので、誰もが会話のきっかけを発見できるはずである。

まずは楽しみながら、職場で、家庭で、飲み会で、使っていただければありがたい。

二〇一七年九月

話題の達人倶楽部

すごい会話のタネ700◆目次

1 「世の中」の話題 19

◉ちょっとした話題

◉社会の話題

◉歴史の話題

6「ことば」の話題 177

7「文化とスポーツ」の話題　209

◉文化の話題

◉スポーツの話題

カバー写真提供■ iStock
©iStock.com/ivan101
本文写真提供■ shutterstock
Tuiler/shutterstock.com, Yoshihide KIMURA/shutterstock.com, Mariia Kamenska /shutterstock.comRodenberg Photography/shutterstock.com,Ignasi Ruiz/shutterstock.com,sakr60/shutterstock.com,Kevin Nellies/shutterstock.com,David Ionut/shutterstock.com,PosiNote/shutterstock.com,Alexander Tolstykh/shutterstock.com,Happymore/shutterstock.com,HikoPhotography/shutterstock.com,isabela66/shutterstock.com,Lifestyle Graphic/shutterstock.com,matkub2499/shutterstock.com,CKP1001/shutterstock.com,Brent Hofacker/shutterstock.com,Zoonnueng/shutterstock.com,gontabunta/shutterstock.com,Aleksei Verhovski/shutterstock.com,T Chareon/shutterstock.com,Andrea Izzotti/shutterstock.com,GeorgeColePhoto/shutterstock.com,Urupong Phunkoed/shutterstock.com,Tali Vikhtinskaya/shutterstock.com,Flywish/shutterstock.com,
Jana Mackova/shutterstock.com
※掲載した写真は、イメージです。本文の記述とは関係がありません。
本文ＤＴＰ■フジマックオフィス

1

「世の中」の話題

◉ちょっとした話題

スーパーを舞台にしたドラマをまず見かけないのは？

デパートにせよコンビニにせよ、小売店を舞台にしたドラマはセット作りが大変だが、とりわけスーパーの場合は撮影のたびに、生鮮食品を用意しておかなければならない。

そのコストを考えると、プロデューサーは、スーパーを舞台にするドラマ制作に二の足を踏むことになるのだ。

アップル社のシンボルマークのりんごは、どんな品種？

カナダのオンタリオ原産のりんごで、品種名は「Macintosh」。むろん、パソコンに使われたマッキントッシュ（マック）という名は、これに由来する。なお、シンボルマークのりんごがかじられているのは、「bite」（齧る）と「byte」（情報単位）をかけてのこと。

りんごの「Macintosh」は、日本でも少量栽培され、和名は「旭」。ただし、現在はほとんど流通していない。

露天風呂なのに、屋根が設けられているのは？

「露天風呂」という名前のわりに、屋根付きのものが多いのは、なぜだろうか？　日中は、その日陰にはいって、直射日光を避けることもできるが、それはあくまで副次的な話。屋根を設けるいちばんの目的は、光合成が活発になって、岩風呂内に藻が発生するのを防ぐという場合が多い。

松屋のマークの三つの円の意味は？

牛丼チェーンの松屋のマークは、大きな赤い円の中に、小さい青い円、さらに小さい黄色の円が描かれている。そのうち、大きな円はお盆、その中の二つの円は、丼物と味噌汁を表している。

なお、松屋は、創業時は中華料理店だった。１９６６年、東京都練馬区で中華飯店

「松屋」として開業。

1968年、牛めし焼き肉定食店に業態変更した。

海女さんは、なぜアクアラングを使わないのか？

海女さんが活動する地域では、乱獲防止のため、潜水器（アクアラングなど）の使用を条例や漁協の申し合わせで禁止していることが多い。

むろん、伝統やプライドの問題があることも、いうまでもない。

カラーテレビを世界で2番目に放送し始めた国は？

アメリカで世界初のテレビ・カラー放送が始まったのは、1954年のこと。

二番目は、イギリスでもドイツでもなく、キューバ（1958年）。当時のキューバは革命前で、アメリカ資本が経済を牛耳っていたので、その影響をいち早く受けることになった。

卒業式にもらうのは、なぜ「第2ボタン」？

日本の中学校などでは、卒業式の日、好きな男子生徒から学生服の第2ボタンをもらうという〝儀式〟が行われてきたのはご存知のとおり。

第2ボタン限定なのは、「心臓にいちばん近い位置にあるから」「いちばんよく触るボタンだから」などの説がある。

サンタのソリをひくトナカイは、オス？　メス？

　トナカイのオスの角は、晩秋から12月中旬にかけて落ちる。ということは、クリスマスシーズンに角があるトナカイは、メス。ただし、去勢されたトナカイは、クリスマスシーズンにも角が残ってるので、サンタのそりをひいているのは、去勢オスという可能性もある。

台湾のレシートに宝くじがついているのは？

　台湾のレシート（統一發票）には、8桁の数字が印刷され、宝くじになっている。特別賞、特賞、1等～6等があり、最高賞金額は1000万元（3700万円程度）。6等は下3桁的中で、200元（740円ほど）だ。

　抽選は2か月に一度行われ、当たれば旅行者でも賞金をもらえる。ただし、台湾までもらいに行く必要がある。

　台湾でこうした政策をとっているのは、

日本の消費税に相当する営業税をごまかしにくくするため。レシートを宝くじにすることによって、お客がレシートを求める習慣が定着し、各店舗が売り上げをごまかしにくくなったというわけだ。

藁人形で人を呪って、罪になるケースとは？

「藁人形で人を呪っても、不能犯であり、犯罪にならない」というのは、法律雑学として有名な話。呪い殺そうとしても、じっさいに殺せるわけではないので、殺人未遂罪は成立しないというわけだ。

ただし、現実には、藁人形で人を呪ったため、罪に問われるケースがある。自分が呪っていることを故意に相手に知らせると、「脅迫罪」が成立することがあるのだ。

これまで、選挙にからんで、相手陣営に藁人形を送りつけた元町長や、知り合いの女性の駐車場に藁人形を置いたストーカーらが検挙されている。

アウトバーンは、本当にスピード出し放題なのか？

ドイツの高速道路アウトバーンは速度無制限で有名だが、全区間が無制限というわけではない。年々、速度制限のある区間が多くなり、現在では無制限区間は全体の半分程度にまで減ってきている。

また、原則、無制限区間でも、バスは時速100キロ、大型トラックは80キロ以下に制限されることが多い。

◆まだまだ続く！　ちょっとした話題

□**東京スカイツリーの非常階段の総段数は２５２３段。**タワー中心の心柱《しんばしら》内に設けられていて、１階から第２展望台まで行くことができる。

□**フランス国防省は、２０１５年10月、陸軍の狙撃手が３６９５メートル離れた標的の狙撃に成功したと発表した。**現在のところ、これが狙撃の世界最長記録とみられる。なお、新宿─渋谷の駅間距離が３・４キロ。

□**もし、奈良の大仏が立ち上がったら、身長29メートルになる見込み。**人間の20倍弱のスケールであり、歩幅は12メートル程度。時速90キロくらいで歩けるはず。

□**カーネルおじさんの本名は、ハーランド・デーヴィッド・サンダース。**「カーネル」は、彼に授けられた名誉称号で、軍隊の「大佐」という意味。

□**世界には、あなたと同じ誕生日の人が約2000万人いる。**

□**「へのへのもへじ」のかわりに、「へめへめくこひ」と書くと、女性っぽい顔が書ける。「こ」が口で、「ひ」が顔の輪郭。**

□**3月14日に入籍すると、円周率のように「ずっと続く」という説がある。**

□**ジョンソン・エンド・ジョンソンを創業したのは、2人兄弟ではなく、3人兄弟。**

□**もみあげとひげがつながっているひげのスタイルを、「リンカニック」という。**むろん、アメリカ16代大統領リンカーンからの命名。

□**コペンハーゲンの人魚姫の像は、過去に何度も〝テロ〟にあっている。**ブラジャーとパンツを描かれたり、真っ赤に塗られたり、腕を折られたり、頭を切られて盗まれたりするなど、物語以上の受難が続いている。

□**敬礼は、もとは鎧を着た騎士が、鉄兜の目の部分（目庇）を上げる動作から始まった。**王族などに拝謁する際、顔の一部を見せて挨拶したのだ。

□**ハワイでは、野生の小鳥や鳩などに餌を与えると、500ドルの罰金。**餌を与えると、一部の種類が増え、生態系の破壊につながりかねないため。旅行者にも適用されるので、ハワイ滞在中はご用心。

□**エアギター選手権の国際認定ルールは、優勝賞品は本物のエレキギターと規定している。**

□**「虫取りをする子どもは頭がよくなる」という説がある。**手、足、脳を使うことで脳が発達し、またさまざまに試行錯誤することで問題解決能力が向上するという。

□**最大収容人数「2人」の刑務所がある。**イギリスのサーク島にある刑務所は、石造りの納屋のような建物。同島の人口は600人で、収監者がいることはごくマレ。

□**野口英世の母の名は、野口シカ。姉は、野口イヌで、戌年生まれ。**当時、福島地方などでは、動物の名前をつけると、元気に育つと言い伝えられていた。

□**スティーブ・ジョブズは、仏前結婚式を挙げている。**執り行ったのは、曹洞宗の日本人僧侶の乙川弘文さん。

□**一言に「大使」といっても、多数の種類がある。**大使館でいちばんエラい特命全権大使のほか、特派大使、特命大使、臨時代理大使、名称大使などがある。

□**ドナルド・トランプとチェ・ゲバラは、誕生日が同じ（6月14日）。**アメリカ大統領は1946年生まれで、革命家は1928年生まれ。

□**コメダ珈琲店を展開するコメダの創業者は、米田氏ではなく、加藤太郎氏。**家業が米穀店で、その太郎であることから、米太↓コメダとなった。

□**設定によると、くまモンの職業は「公務員」で、肩書は「熊本県営業部長」兼「熊**

本県しあわせ部長」だそう。

□**あさま山荘の正式名称は、「河合楽器健康保険組合軽井沢保養所浅間山荘」。**略すなら「浅間山荘」のはずだが、事件当時から警察・マスコミは「あさま山荘」と書いてきた。警察白書でも「あさま山荘」を用いている。

□**砂漠の国には、サウジアラビアやドバイをはじめ、砂を輸入している国が少なくない。**砂漠の砂は粒子が細かすぎ、コンクリートや埋め立てに使えないから。

◉社会の話題

園遊会の献立はどうなっている？

毎年、春と秋の2回、天皇・皇后両陛下の主催で開催される「園遊会」。東京・赤坂御所に2000人程度の人が招待され、会場には食べ物や飲み物がズラリと並べられる。

料理は、オードブル、サンドウィッチ、のりまき、ジンギスカン、焼き鳥などのほか、洋菓子やフルーツカクテルなどのデザート類も並ぶ。ドリンク類は、日本酒、ウイスキー、瓶ビール、お茶やジュースなどが用意される。

その素材は、たとえば、ジンギスカンや焼き鳥に使用されるのは、栃木県にある宮内庁直轄の御料牧場で育てられた羊と鶏。ソーセージやチーズも、御料牧場の生産品だ。

調理は、ふだんは皇族の方々の食事を用意している宮内庁大膳課の職員たちが中心になって担当している。

ネット銀行の支店名はどう〝棲み分け〟ている？

ネット銀行の支店名には、地名ではなく普通名詞が使われているが、大手ネット銀行では、次のように〝棲み分け〟ている。

住信ＳＢＩネット銀行は、イチゴ、ミカンなどの野菜・果物名。セブン銀行は、バラ、マーガレットなどの花の名。楽天銀行は、ジャズ、ロックといった音楽の種類の名。イオン銀行は、ダイヤモンド、ルビーといった宝石の名という具合だ。

「梅雨入りしたとみられる」と自信なさげなのは？

例年、６月になると、気象庁が梅雨入りを宣言するが、それはあくまで「速報値」。だから、「梅雨入りした」ではなく「〜とみられる」と報道される。

例年９月に「確定値」が発表され、梅雨入りした日は、あとで修正されることが多い。

エスカレーターの左右分けの境界は？

エスカレーターに乗るとき、東京では右側をあけ、大阪では左側をあけるのは、有名な話。では、両者の境界はどのあたりにあるのだろうか？

テレビ局が調べたところ、ＪＲ東海道線の駅では、岐阜県の大垣駅では、東京と同じように左側に立ち、右側をあける人が多かった。一方、滋賀県の米原駅では、関西流に右側に立つ人が多く、その間の岐阜県西部にエスカレーターの東西の境界があることがわかった。

なお、その二駅間には、かつて東西決戦が行われた関ヶ原があるが、現在の関ヶ原駅にエスカレーターはない。

水族館の水槽の岩は、どうやって入れる？

水族館の水槽内の〝岩〟には、「擬岩」が使われている。その素材は、硬質プラスチックのFRPや、GRC（ガラス繊維で補強したコンクリート）などだ。

ともに、工場で適当な大きさに分けてつくり、現場でそれらを岩のように組み立てる。なお、プラスチックのFRPと比べると、コンクリートであるGRCの方が質感を本物の岩に近づけられるそうだ。ただ、重いため、作業に手間がかかるのが難点だという。

お賽銭が10円だと、縁起が悪いといわれるのは？

その理由は、10円→とおえん→遠縁につながり、運を遠ざけるという語呂合わせ。だから、10円入れたいときは、10円玉ではなく、5円玉を2枚投げ込めば、いいという。5円＋5円で、重ね重ねご縁（5円）があるというわけだ。

なお、かつては1129円、2951円、4129円が縁起がいいとされたもの。それぞれ、「いい福」「福来い」「よい福」という語呂合わせで、バブル期など、本当にそういう金額のお賽銭が乱れ飛んだものだった。

日本初の超高層ビルを建てたのは「二階さん」⁉

日本初の超高層ビルは、東京の霞が関ビル。地上36階、147メートルは、現代ではさしたる高さではないが、それ以前のビルが高さ31メートルに制限されていたことを思えば、空前の高さだった。

建設したのは、ゼネコン大手の鹿島建設で、所長をつとめたのは二階盛氏。地上36階の超高層ビルは二階さんが建てたのだった。

中学生を「停学」処分にできないって本当？

法令上は、中学生を「停学」にすること

はできない。学校教育法施行規則に「停学」は懲戒の一つとして明記されているのだが、学齢生徒（小・中学生）に対しては、教育を受ける権利の剥奪となるため、行えないとも書かれているのだ。

しかし、現実的には、自主謹慎、特別指導などの名目で、事実上の停学処分が実施されているのは、ご存じのとおり。

幼稚園児といえば、なぜ黄色い通学帽？

幼稚園児や小学生は、黄色い通学帽をかぶるものだが、その発祥の地は和歌山県。1961年頃、和歌山西署の警ら交通課長らが、子どもの交通事故を防ぐため、ドライバーによく見える色は何かという実験を行い、黄色であることがわかって、黄色の帽子を配りはじめた。

そのアイデアが全国に知られ、黄色帽、黄色のランドセルカバー、黄色のカッパなどの着用が広まった。

99円ショップは、100円ショップより2円得になる!?

99円ショップは、100円ショップよりも、いくら安いだろうか？

正解は、1円でなく、2円。消費税が関係するためで、99×1・08は106・92で、小数点以下を切り捨てる店が多いので、106円になる。一方、100円の店は消費税を加えると108円となり、その差は2円。

裁判所を訴えた裁判ってこれまであった？

東京地裁を訴えた裁判が、東京地裁で行われたことがある。

１９６０年、東京地裁厚生部と取引していた業者が、損害賠償を求めて東京地裁を訴え、同地裁へ訴えを起こした。

同地裁で下された判決は、業者側の敗訴。しかし、その後、最高裁まで争われ、最高裁は業者勝訴、東京地裁敗訴の判決を下している。

水族館に金属探知機が欠かせないのは？

水族館では、金属探知機でエサを調べている。エサとなる小魚などの体内に、釣り針が残っていないかどうかを調べるのだ。

小魚を丸飲みにする大型魚や海獣がいるためで、貴重な大型種を飼育している水族館ほど、慎重に調べている。

1万円札には何種類もあるって本当？

福沢諭吉の1万円札は、何種類もある。まず、現在発行のE一万円券には、表面にホログラムがあり、裏面は鳳凰。一方、昭和59年発行のD一万円券Eは、ホログラムがなく、裏面は二羽のキジ。

また、1万円札は〝製造元〟の名前が変わっているので、その名前だけでも3種類に分かれる。２００１年、大蔵省から財務省、2003年には国立印刷局に〝製造元〟が変わったため、透かしの下に小さく書かれた文字が異なるのだ。かつての「大蔵省印刷局製造」「財務省印刷局製造」を経て、今は「国立印刷局製造」と印刷されている。

他人に最もバレやすいパスワードは？

アメリカに、スプラッシュ・データというパスワード管理アプリケーションの開発企業がある。同社の発表によると、他人に最もバレやすいパスワードは、4年連続で「123456」だという。

アメリカでの調査なので、2位以下には、1234〜のバリエーションとポピュラーな英単語が続き、2位は「password」、3位は「12345」、4位は12345678、5位はfootball。

以下、アメリカらしいところでは、12位にwelcome、23位にloveme（ラブ・ミー）がランク入りしている。

目上に筆記具を送ってはいけない理由は？

プレゼントをする際、目上に筆記具を贈るのはタブー。「もっと勉強せよ」「もっと働け」という意味合いを含んでしまうためだ。同じ意味で、ノートやカバンも避けたほうがいい。

女性に対しては、エプロンを贈ると「もっと働け」という意味になってしまう。

傘をさした制服警官を見かけないのは？

各県警では、警察職員の服務規定を定めている。その中には「制服着用時の態度」といった規定があり、「傘等、職務に支障を及ぼすものを携帯しない」などと書かれている。

だから、制服警察官は、雨の日であっても、傘をささずに合羽姿で、パトロールに出かけたり、交通整理をしているというわけだ。

ただし、それは制服着用時に関する規定なので、私服刑事が傘をさして聞き込みに歩くことは問題ない。

なお、自衛隊にも同様の規定があり、制服や戦闘服姿のときには、傘をささないことになっている。

沖縄の小学校の校長は、幼稚園の園長を兼ねている!?

沖縄県では、小学校内に幼稚園が併設さ

れていることが多く、沖縄の公立小学校の校長はほぼ全員、幼稚園の園長を兼任している。

これは、米軍の統治時代、公立小学校と幼稚園を併設せよという、米軍の指示を発端とする沖縄県独特の仕組み。

歯科衛生士が女性ばかりなのは？

歯科衛生士は、1948年施行の歯科衛生士法にもとづく国家資格。以前は条文に「業とする女子をいう」とあり、女性限定の資格だったが、今は男性も資格を取得できる。

ただし、現在も、男性の歯科衛生士はごく少数とどまっている。

左利きの警察官は、銃をどちらの手で撃つ？

制服警官は、たとえ左利きでも、右腰に拳銃を装着している。

そのことからもわかるように、日本の警官は左利きでも拳銃を右手中心に扱う。日頃から、右手ないし両手で撃つ訓練を積んでいる。

クロマグロが高額で落札されたとき、漁師の取り分は？

築地市場の初競りでは、クロマグロにとんでもない値がつくことがある。回転寿司会社などが競り合って、1億5000万円を超えた年もあるが、その代金の8割以上は、釣り上げた漁師の懐に入る。

売上代金の流れは次のとおり。まず、競り落とした仲卸業者が築地市場に代金を支払うと、同市場は手数料をひき、漁協などが管理する漁師名義の口座に代金を振り込む。そこから、漁協の取り分、運送代などを差し引いた分が、漁師の取り分になる。

ただし、その後、最大の〝経費〟といえる税金をごっそり持っていかれることになるが。

南極の昭和基地は、ゴミをどこに捨てている？

南極でゴミを捨てることはできないので、日本まで持ち帰って捨てているのだ。年一回、観測船で運んでいるのだが、その量は毎回200トンにのぼる。

しかも、それは焼却炉で燃やし、灰にしたうえでの重さ。昭和基地には現在68棟もの建物があり、90人余りの隊員が働いている。それだけの量のゴミが出るのだ。

法律的に、日の丸は〝白地に赤〟ではない！

「国旗及び国歌に関する法律」では、日の丸の色を「赤白」ではなく、「紅白」と定めている。「紅」は鮮やかな赤という意味だが、色見本まではついていない。
なお、この法律は第二条までしかなく、
第一条　国旗は、日章旗とする。2　日章旗の制式は、別記第一のとおりとする。
第二条　国歌は、君が代とする。2　君

が代の歌詞及び楽曲は、別記第二のとおりとする。
日の丸を「紅白」と定めているのは、その別表だ。

滑走路のまわりに芝が植えられているのは？

まず、芝を植えると、砂ほこりが舞い上

がりにくくなり、機体への悪影響が減るというメリットがある。
また、騒音も軽減される。加えて、万が一の事故の際には、クッションになるという期待もある。
ただし、飛行機が鳥と衝突するバード・ストライクにつながる鳥の巣を見落とすのを防ぐため、たえず芝を短く刈りこまなければならないという作業が発生することになる。

死刑は、土曜、日曜も行われているか？

刑事収容施設及び被収容者等の処遇に関する法律（刑事収容施設法）の178条によって、死刑は執行できない曜日などが定められている。

日曜日、土曜日のほか、国民の祝日と12月29日から1月3日までの年末年始は、死刑を執行できない。

おおむね、年間120日余りは執行できないことになる。

書類送検では、どんな〝書類〟を送るのか？

書類送検は、被疑者を逮捕することなく、事件を警察から検察に送ること。

その際、送られる書類は、被害届、告訴状、被疑者・目撃者の供述調書、鑑識資料、現場の検証調書など。加えて、起訴を求めるか、求めないかを記した「処分意見」も送られる。

アイスクリームをいちばん食べないのは沖縄県民⁉

総務省の家計調査（2016年）によると、アイスクリーム・シャーベット類を最も食べないのは、沖縄県民（年間6566円）。

もともと、アイスクリーム類は暑くなりかけた時期によく売れ、本当に暑くなると、飲み物がよく売れ、アイスクリーム類の売れ行きは落ちてしまう。そのため、暑い時期が長い沖縄では、売り上げが伸びないとみられる。

一方、アイスクリーム類をよく食べるのは、北陸地方。1位は石川県で10480円、2位は富山県で9780円と、雪深い北陸地方がワンツーフィニッシュを決めている。

日本の囚人に選挙権はあるのか？

公職選挙法第11条には、「禁固以上の刑に処せられ、その執行を終わるまでの者は選挙権を有しない」とある。だから、日本の刑務所内では、選挙は行われていない。

一方、外国には、囚人にも選挙権を認め、刑務所内に投票所を設ける国もある。

沖縄の牛乳パックの量が、ちょっと少ないのは？

沖縄の牛乳パックは、1リットルちょうどではなく、946ccが標準。

これは、米軍統治時代の名残。アメリカでは重さの単位には「ガロン」が使われ、1ガロンは約3・785リットル。946ccは1クォート（＝4分の1ガロン）に相当するのだ。

アメリカから返還された際、混乱を避けるために、米軍統治時代の基準が踏襲され、今に至っている。

ホテルのベッドに、帯状のカバーがかかっているのは？

ホテルのベッドには、足元のほうに、40〜50センチ幅の帯状のカバーがかかっているもの。それはベッドメイキング法のひとつ「デュベスタイル」で使われる「フットスロー」と呼ばれるカバーだ。

外国人は、部屋に入っても靴を脱がないため、土足でベッドに寝ころがることがある。その際、土足をフットスローの上に置けば、カバー全体は汚れないというわけ。

千葉県の最高峰に登るのに、なぜ自衛隊の許可がいる？

千葉県の最高峰は、愛宕山。標高は４０８メートルで、都道府県別の最高峰の中では、最も低い山だ。

この山、山頂付近に航空自衛隊の峯岡山分屯基地が置かれているため、入山規制がしかれている。自衛隊に申請し、許されたとしても、登山の際には隊員が同行してくる。愛宕山山頂近くには、首都圏防空のためのレーダーサイトが設置され、この低山は首都の空を守る要の山なのだ。

橋の名前を書く橋名板に濁音が使われないのは？

国の作成する河川台帳では「濁音」まじりの河川名でも、橋名板には清音で書かれていることが多い。「ばし」も「はし」と表記されることが多い。

これは、水が〝濁らない〟ようにという縁起かつぎ。濁った水は、単に汚れているというだけでなく、河川関係者には、氾《はん》濫《らん》、決壊、土石流などの水害を連想させるのだ。

◆まだまだ続く！　社会の話題

□**南極の昭和基地では、仲間内で酒を飲むときでも、お酌は禁止。**お酌し合うと、適量を越えて飲み、翌日の仕事に支障が出たり、事故につながりかねないため。

□**いまどきの小学生は、ＨＢの鉛筆を使わない。**２Ｂが主流。筋力の低下で筆圧が落ち、ＨＢでは適切な濃さに書けない子どもが増えている。

□**いま、自衛隊員が敵前逃亡すると、自衛隊法第１２２条等の規定により、７年以下の懲役または禁固の罪。**

□**選挙の無効票には、係員の投票用紙の配付ミスによるものが含まれている。**二つ以上の選挙が同時に行われるとき、係員が間違った投票用紙を渡してしまい、開票時、「用紙違い無効票」とされるケースだ。

□**楽天の電子マネー、Ｅｄｙは「ユーロ」「ドル」「円」の頭文字の組み合わせ。**それらに次ぐ、第４の基軸通貨になってほしいという願いを込めて、名づけられた。

□**郵便物が1日50通以上届く事業所は、個別の郵便番号をもらえる。**現実に、３万３０００もの個別番号が使われている。ただし、個別番号をもらえるのは事業所に限られ、郵便物がいくら多くても、個人はもらえない。

□**行列に割り込むと、軽犯罪法に抵触する。**同法第1条13項には、「待っている公衆の列に割り込み、若しくはその列を乱した者」とある。

□**エッフェル塔を設計したエッフェルは、ガーターベルトの原型も考案した。**橋梁《きょうりょう》を組み立てる構造を応用して、ベルトから垂らした布とクリップで、靴下をとめる構造を考え出したのだった。

□**日本は長年、武器を輸出していなかったが、猟銃や競技用の銃（散弾銃やライフル）は、以前から輸出していた。**

□**中国のトップ、習近平の弟の名は、習遠平。**兄とは3つ違いで、省エネ環境保護関連の協会会長などをつとめている。

□**日本の造幣局は、外国のコインもつくっている。**バングラデシュの2タカ貨幣（5億枚）のほか、ニュージーランド、スリランカ、ブルネイの記念貨幣など。

□**自転車の制限速度は、道路標識にある自動車用の制限速度と同じ。**

□**総務省行政管理局の法令データによれば、わが国の法律の数は1961本（平成28年）。**法令（法律＋政令・省令）は、8284本。

□**アメリカ大統領らのシークレットサービスがサングラスをかけているのは、カメラのフラッシュから、目を守るため。**顔を隠すという目的は、2次的なもの。

2
「グルメ」の話題

◉食材と料理の話題

たこさんウインナーの考案者は？

たこさんウインナーを考え出したのは、料理研究家の尚道子さん。かつて、ＮＨＫの『きょうの料理』の講師を長く務めていた人だ。

そもそも、ウインナーに切り込みを入れるのも、日本だけ。

なぜ切り込みを入れるのか。その目的は箸でつかみやすくすることで、それを始めたのも、尚さん。

教科書のレシピの味付けは、関東風？　関西風？

家庭科の教科書のレシピの味付けは、どちらかといえば、関東風ではなく、関西風になる。

ただし、当然ながら関西風の味を推奨しているわけではなく、塩分を適正とされる量におさえると、結果的に関西風の薄味になる。

天津飯は“日本料理”って本当？

中国の天津《てんしん》は、北京の玄関口となる港町であり、栗の産地ではない。それなのに、「天津甘栗」が有名なのは、かつて中国北

部産の栗が天津港から輸出され、この名で流通したためだ。

とはいえ、天津と栗には多少の関係があるわけだが、天津飯と天津は縁もゆかりもない。「天津飯」は、日本独自の“中華料理”なのだ。浅草の「来々軒」発祥説と大阪の「大正軒」発祥説が有力で、時期はともに戦後まもない頃。玉子丼にヒントを得て、ほぼ同時に誕生したのではないかとみられている。

レンズ豆とレンズの関係は？

レンズに似ているからレンズ豆（lens、和名はヒラマメ）と名づけられたわけではなく、レンズのほうがレンズ豆に似ている

ので、レンズとネーミングされた。

最初に作られたレンズは凸レンズで、レンズ豆と形がよく似ていたのだ。

関東で赤飯を炊くときに、小豆を使わないのは？

小豆は、煮ると皮が破れやすい。江戸では、それが切腹を連想させると、武士階級に嫌われ、赤飯にはササゲを使うようになった。

一方、関西は、武士の数が少なかったこともあって、赤飯には小豆を使ってきた。

エシャロットとエシャレットはどう違う？

エシャロットはネギ科の野菜で、小型のタマネギのようなもの。フランス・イタリア料理でよく使われ、近年、日本でも知名度が上がってきている。

一方、エシャレットは若採りのラッキョウで、日本生まれの野菜。最初は「根らっきょう」という名前だったが、卸業者がエシャレットの名で普及させた。当時は、日本ではまだエシャロットが出回っていなかったので、それでも問題はなかったのだ。

ところが、近年、エシャロットの知名度が上がるにつれて、両者を混同するケースが増えはじめている。

「三角形のサンドウィッチは、日本生まれ」って本当？

これは、本当の話。東京の茗荷谷にあっ

たフレンパンというパン店の経営者夫婦が、1950年に考案したものだ。四角形よりも中身の具がよく見えると、当初から人気を博したという。

その後、大林さんは特許をとるが、みんなが自由に使えるようにと、権利を手放す。そうして、三角形のサンドウィッチは全国に広まり、現在コンビニで売られているサンドウィッチの9割以上は三角形である。

刺し身についている菊の花は食べられるのか?

刺し身に菊の花を添えるのは、殺菌効果を期待してのことだが、食用菊が使われているので、食べることもできる。

おすすめの食べ方は、菊花をバラバラにして、醤油の中に入れ、それに刺し身をつけて食べる方法。こうすると、菊の香を楽しみながら、食べることができる。

ただし、アンケートによると、97％の人が食べていないそう。

ゆで玉子の黄身が緑色になることがあるのは？

卵をかた茹でにすると、黄身が緑色っぽくなることがある。なぜだろうか？

卵を長く茹でると、硫化水素が発生し、黄身に含まれる鉄分と反応して、硫化鉄となる。硫化鉄は黒っぽく、それが黄身の色とまじると、黒っぽい緑色に見えるというわけ。

ハチミツが固まると白くなるのは？

ハチミツの主成分は、ぶどう糖（約40%）と果糖（50%）。そのうち、ぶどう糖には、結晶化すると白くなるという性質がある。これが、ハチミツが固まると白くなる原因。

なお、半分を占める果糖は、吸収速度が遅い。それが、ハチミツを食べても、血糖値が急激に変化しない理由。

豆腐のパッケージに水が入っているのは？

豆腐のパッケージに水を入れる目的は二つある。

第一には、水をクッション代わりにして、形崩れを防ぐため。水を入れると、豆腐の揺れを防ぎ、ぶつかったときの衝撃も弱めることができるのだ。

第二の目的は、豆腐の水分を外に出さないようにするため。豆腐は80%が水分であり、乾燥を防ぐためには、水中につけておくのがベストの方法なのだ。

イモ類の中で、ヤマイモだけが生で食べられるのは？

通常、澱粉は生では消化しにくいため、ジャガイモでもサツマイモでも、イモ類は加熱して食べるのが一般的。ところが、ヤマイモは、炭水化物分解酵素のアミラーゼをたっぷりと含み、消化吸収がよいので、生で食べることができる。

ニワトリ１羽からは、どれくらいの鶏肉がとれる？

標準サイズのブロイラー（体重２・６キロ）からは、１１２５グラムほどの精肉がとれる。内訳は、ムネ肉が約３６０グラム、モモ肉が約４５０グラム。ささみが約80グラム。皮が約50グラム。残りは、手羽やキモやスナギモなど。

岡山県でばら寿司が発達したのはなぜ？

岡山藩6代藩主の池田斉政が「常々の食事は一汁一菜」というお触れを出したところ、庶民はその抜け道を探し、すし飯に魚や野菜を混ぜ、目立たないようにしたという説が有力。

以前は、初代藩主のお触れの影響といわれていたが、近年の研究で、初代では時代が合わないことがわかり、6代のお触れの影響と修正された。

「滋賀大叩き潰す丼」って、どんな料理？

和歌山大学の食堂で、「滋賀大叩き潰す丼」というメニューが供されたことがある。カツオのたたきをご飯にのせた漬け丼だった。

一方、滋賀大の食堂では「和大に思いシラス丼」を用意した。両大は、和滋二大学学長杯争奪総合定期戦という、対抗戦を催す宿命のライバル同士。

行平鍋の「行平」って、どういう意味？

片手で扱える小ぶりな鍋を「行平鍋」（雪平鍋とも書く）というのは、在原行平（在原業平の兄）の名にちなむ。行平が海女に潮をくませ、鍋で塩を焼いたという故事から、こう呼ぶようになったといわれる。また、そのときに白い塩が現れ、それが雪のようだったので、「雪平鍋」と書くようになったという説もある。

「メレンゲ」って、どういう意味？

スイスのメーリンゲンという村の名に由来する。

一説によると、18世紀、この村の菓子屋が夫婦ゲンカをしたあとに、タマゴをかきまぜると、いつもより力がはいりすぎて、後にメレンゲと呼ばれるものができたという。

イチゴの品種「あまおう」の名の由来は？

福岡産のブランド・イチゴ「あまおう」の名は、「あまい、まるい、おおきい、うまい」を縮めたもの。

ところが、広告では、「あかい、あまい、おおきい、うまい」となっていることがあり、それでは「〝あおおう〟ではないか」だという意見もある。

りんごの「ミツ」の正体は？

りんごの芯のまわりの半透明の部分を「ミツ」と呼ぶ。その成分は「ソルビトール」という物質で、それはりんごの甘みである果糖や蔗糖に変化する。ところが、十分に完熟していると、ソルビトールは果糖などに変わることなく、そのままの状態で残る。その残ったソルビトールがミツの正体だ。

だから、ミツがあるのは、そのリンゴが完熟していることの証拠ではある。ただし、ソルビトール自体は糖に変化していないので、その部分はさして甘くはない。

◆まだまだ続く！　食材と料理の話題

□**弁当に入っている緑色のギザギザを「バラン」というのは、「葉蘭」というユリ科の植物名に由来する。**その葉には、防臭、腐敗をふせぐ効果があり、昔の弁当には、この葉の本物が使われていた。

□**塩に賞味期限はない。**ただし、ゴマ塩や塩コショウには、賞味期限がある。

□**おにぎり一つ当たりの米粒の数は２０００粒余り。**１００グラム程度の標準的なおにぎりの場合の話。

□**モヤシは漢字では「萌やし」と書く。**「萌やす」（土から萌え出ること）を名詞化した名。

□**「淡口醤油」と書いても、「うすくち醤油」と読む。**醤油業界がこの表記を好むのは、薄口醤油と書くと、味が薄いと誤解されがちだからだという。

□**味噌煮込みうどんは、沸点の上昇現象により、170℃にまで達する。**熱いはずである。

□**フキノトウ（蕗の薹）は、フキの花芽。**小さい花芽は食用になるが、大きくなると食べられなくなるところから、「薹が立つ」という言葉が生まれた。

□**鶏には、香川エーコク、鳥取エーコクなど、「エーコク」という品種がある。**この

「エーコク」は英国のことで、イギリス船によって原種がもたらされたことに由来するとみられる。

□**レタスはキク科の植物。**夏になると、小菊のような花を咲かせる。

□**「のれそれ」という珍味がある。**高知県では、春が近づいたことを示す海の幸。その正体はアナゴの幼生で、葉のような形をしている。

□**「青椒肉絲」（チンジャオロース）と「青椒牛肉絲」（チンジャオニウロース）は、ちがう料理。**前者は豚肉、後者は牛肉を使ってつくる。

□**「医食同源」は、日本生まれの言葉。**中国の「薬食同源」という言葉をもとに造語された。その後、中国に逆輸出され、今は中国でも使われている。

□**「カリッコリー」というカリフラワーとブロッコリーの中間種がある。**味はブロッコリー、食感はカリフラワーに近い。

□**米ナスは、アメリカの品種ブラックビューティを日本で改良したもの。**だから、米ナスという名前ながら、アメリカではまず手に入らない。

□**ステーキから、血は流れ出ない。**ナイフを入れたときに赤く流れ出す汁は、ミオグロビンという色素に染まった水分。

□**「食材」という言葉は、テレビ番組『料理の鉄人』のヒットによって一般に広まった。**かつてのワープロソフトでは、「しょくざい」が「食材」と変換されず、「贖罪」が最初に出てきたもの。

□**日本初の缶詰は、イワシの油漬け缶詰。** １８７２年（明治４）、長崎の松田雅典がフランス人の指導のもと製造した。なお、１８７８年10月10日には、サケ缶が誕生し、現在、10月10日は「缶詰の日」とされている。

□**値段の高いトマトほど、水に沈む。** 糖度が高く、比重が大きくなるため。

□**肉まんの下についている紙の名は、グラシン紙という。** パラフィン紙と性質が似ていて、耐油性、耐水性にすぐれている。

□**タコスは複数形で、単数形は「taco」（タコ）。** メキシコでは、１個はタコ、２個以上をタコスと呼ぶ。

□**バラ肉は、バラバラに切った肉ではなく、アバラ骨の周囲の肉のこと。** それを韓国語ではカルビ、沖縄ではソーキ（骨つきの豚バラ肉）と呼ぶ。

☐**「サルサソース」は、メキシコを代表する液状調味料。**現地では単に「サルサ」と呼び、ソースという意味。だから、サルサソースは〝ソースソース〟といっていることになる。

☐**グリンピースは、えんどう（豆）の未熟なもの。**枝豆は、大豆の未熟なもの。

☐**「オレタチ」という柑橘類がある。**オレンジとカラタチのハイブリッド。

☐**フレンチ・ドレッシングは、アメリカ生まれ。**インディアナ州の主婦が考案したという説などがあり、フランス生まれではないことは確か。

□**ドリアは、イタリア料理ではなく、日本発の料理。**戦前、横浜のホテルニューグランドの総料理長をつとめていたサリー・ワイル氏考案のメニュー。

□**8月8日は、たこ焼きの日（タコの足の数から）。**10月10日は、お好み焼きの日（じゅうじゅうと焼くので）。そして、5月7日は、コナモン（粉物）の日。

□**日本のカレーの具に使われる野菜は、ジャガイモ、タマネギ、ニンジンと保存のきくものばかり。**海軍の軍艦でよく食べられたことと関係するという説が有力。

□**マンゴーはウルシ科の植物で、「マンゴール」というウルシオールに似た物質を含んでいる。**そのため、接触性のかぶれを起こすことがある。

□**イタリアには、パンツエロッティ（Panzerotti）という揚げピザがある。**近年は、パンツェロッティと表記されることが増えてはいるが。

□**「天麩羅」は当て字ではあるが、「麩」には「ふすま」(小麦の粗粉)、「羅」には「うすもの」(薄衣の意)という訓読みがあり、なかなかよくできた当て字。**

□**果物の「ザクロ」は、イラン周辺原産。**イラン高原の南西にそびえるザグロス山脈に由来するという説が有力。

□**スイカの種は、縞模様の黒い部分の内部に集中している。**だから、縞模様と縞模様の間を切れば、断面に種があらわれにくい。

□**塩と砂糖を同じ量混ぜてなめると、ひどく、塩っぱい。**塩味を感じる味蕾《みらい》のほうが数が多いうえ、塩味のほうが脳に伝わるスピードも速いためという説が有力。

□**大葉と青じそは同じもの。**静岡の生産組合が、青ジソを販売するにあたって、芽と葉を区別する必要があり、葉のほうを「大葉」として売り出したのが始まり。

□**焼きそばパンにはいくつかの発祥説があるが、1950年代、東京の荒川区南千住のパン店「野澤屋」の店主が考案したという説が最も有力。**

□**ウニ業界では、練りウニなどの加工食品は「雲丹」、生ウニは「海胆」と書き分けるのが、一般的。**

□**きなこは、砂糖よりもカロリーが多い。**砂糖100グラムのカロリー量は387kcal。きなこ100グラムは437kcal。きなこは、もとが大豆なので、油分がけっこう多いのだ。

◉スイーツ・飲み物・外食の話題

ずんだ餅の「ずんだ」って、どういう意味？

「ずんだ」の語源をめぐっては、諸説入り乱れている。

まず、豆を打ってつぶしてつくるので、「豆打《ずだ》」に由来するという説。あるいは、かつて侍が陣中で太刀を使って豆をすりつぶしたので、「陣太刀」がなまったという説。さらには、「甚太《じんた》」という人がつくったからという説もある。たしかに、「じんた」を東北なまりで発音すると、「ずんだ」に近くなる。

日本で初めて、ジャムパンをつくったのは？

「あんぱんの元祖は、木村屋總本店」という話は有名だが、ジャムパンの第1号を作ったのも同店である。あんぱんは明治7年の作、ジャムパンは、その26年後の明治33年に、3代目の店主が考案している。

ただし、最初はイチゴジャムではなく、

あんずのジャムパンだった。

ハーゲンダッツという名の由来は？

ハーゲンダッツは、アメリカ発のアイスクリーム・ブランドだが、この「ハーゲン」とはデンマークの首都コペンハーゲンのこと。

デンマークが酪農国であり、アメリカでは、デンマーク産のアイスクリームはおいしいというイメージがあったことから、創業者がつけた名前。

なお、「ダッツ」は、「ハーゲン」と合う言葉を選んだもので、とくに意味はないという。

毎月22日が「いちごショートの日」なのは？

横組みのカレンダーでは、22日の上には、そのちょうど一週間前にあたる15日がくる。そこで、15（イチゴ）が真上にある22は、ショートケーキという見立てで、ケーキ業界では、毎月22日をショートケーキの日としている。

この日には、ショートケーキを特売するケーキ店もあるので、要チェック。

クールミントガムのペンギンの〝メッセージ〟とは？

クールミントガムのパッケージには、ペンギンが5匹描かれているが、その2匹目だけが、左手（羽）をあげている。

製造元のロッテによると、古いパッケージに描かれていたクジラがいなくなり、ベンギンはクジラに対して、感謝の気持ちを込め、挨拶しているのだという。

ケンタッキーの第1号店はケンタッキー州だった？

ケンタッキーフライドチキンの第1号店が出店されたのは、ケンタッキー州ではなかった。1952年、ユタ州ソルトレイクシティに出店したのが、その第一号。他州に出店したからこそ、「ケンタッキー」と名のる必要があったといえる。

なお、日本では、大阪万博に出店された実験店をのぞけば、1970年11月、名古屋に第1号店が誕生。

「ババロア」って、どういう意味？

プディング状の洋菓子、ババロアの名は、ドイツ南部にあったバイエルン王国の名に由来する。

フランスのシェフが同国の貴族のために考案したのが、その始まりと伝えられる。

「パウンドケーキ」という名前の由来は？

パウンドケーキは、小麦粉、バター、砂糖、卵を1パウンドずつ使うことから、この名がついた。

1パウンドは約454グラムなので、語源どおりに作ると、相当大きなケーキができあがる。

チョココロネの「コロネ」って、どういう意味？

「コロネ」は、イタリア語で角や角笛を意味する。ただし、コロネタイプのパンは、イタリアにはなく、意外なことに日本生まれである。饅頭をヒントにして考案されたとみられる。

コーヒーフレッシュにミルクは使われていない⁉

コーヒーフレッシュに、ミルクやクリームは使われていない。植物油に水と乳化剤（ミルクとは関係のない物質）などを混ぜ、ミルク風に仕立てたものだ。

一種の〝工業製品〟であり、原価が安いので、ファーストフード店やファミレスなどで、使い放題にできるというわけ。

「マシュマロ」って、どういう意味？

マシュマロは、もとは植物の名前。ウスベニタチアオイの英語名をマーシュマロウ

（沼地の葵という意味）というのだ。

もとは、その樹液を使ってつくられたので、マシュマロという名になり、後にゼラチンを使うようになっても、その名が残ることになった。

「クレープ」って、どういう意味？

クレープとは、フランス語で「絹のような」という意味。生地の焼き目が縮緬《ちりめん》のようであるところからこの名がついた。

なお、シフォンケーキのシフォン（Chiffon）も、英語でやはり「絹のような」という意味。

日本人で初めて「乾杯」した人は？

1854年、日本は、アメリカと日米和親条約を結んだあと、イギリスと日英和親条約を結んだ。

それをめぐる会談後、イギリスのエルギ

ン伯爵らと日本の井上信濃守清直らの間で行われたのが、記録に残る日本初の乾杯。それ以前、長崎の出島あたりで、行われていた可能性はあるが。

ドリンクバーでもとをとるには、何杯飲めばいい？

ドリンクバーの原価は、一杯平均20円前後。180円のドリンクバーなら、10杯は飲まないと、もとはとれない。とりわけ、炭酸系飲料、コーヒーは、原価が15円ほどと安いので、12杯は飲む必要がある。

一方、比較的原価が高いのは、果汁100％のジュースとココア系、抹茶系で、こちらの原価は25～30円程度。6杯から7杯でもとをとれる。

紙パックに果物をスライスした写真が載っているのは？

公正競争規約で、「果汁入り飲料」（果汁10％以上100％未満）や「その他の飲料」（果汁10％未満）は、紙パックなどの容器に、果物をスライスした写真や、そのしずくを載せることはできないとされている。

つまり、紙パックに果物の写真が使われているものは、果汁100％ということ。

ボジョレーヌーボーの解禁は、なぜ11月の第3木曜日？

ボジョレーヌーボーの一斉解禁日が設けられたのは、早出し競争による品質低下を防ぐため。

かつては、毎年11月15日だったのだが、この日が土曜・日曜だと、ワイン運搬業者の休日にあたってしまう。そこで、1985年から、11月の第3木曜日に変更された。

ウイスキーの賞味期限は？

食品表示法では、ウイスキーは賞味期限表示が義務づけられていない。

ウイスキーは、アルコール度数が高いうえ、雑味成分をほとんど含んでいない。未開封で、保存状態がよければ、10年以上たっても味がほとんど変化しないため。

水道水が飲める国15カ国とは？

国土交通省のデータによると、その国の全域で水道水が飲める国は、世界に15カ国しかない。

フィンランド、スウェーデン、ドイツ、アイスランド、アイルランド、オーストリア、スロベニア、クロアチア、日本、UAE、オーストラリア、ニュージーランド、レソト、モザンビーク、南アフリカの15カ国。

上質なウイスキーがつくれる五国とは？

世界で、上質のウイスキーをつくれる国

は、わずか5カ国。

スコットランド（スコッチ）、アイルランド（アイリッシュ）、アメリカ（バーボン、アメリカン）、カナダ（カナディアン）、そして日本。これらが、世界の5大ウイスキーと呼ばれている。

学校給食では、和食でもミルクが出るのは？

学校給食は、学校給食法施行令によって「完全給食」の提供が望ましいとされ、「完全給食」とは、同施行令によって「パンまたは米飯（中略）、ミルクおよびおかずである給食をいう」と定義されている。

だから、日本の小・中学校では、和食の日もミルクがついてくるというわけ。

水道水の「カルキ臭」はカルキの臭いではない!?

カルキ臭の「カルキ」は、ドイツ語の「クロールカルキ」（さらし粉）に由来する。化学的にいうと「塩化石灰」のことで、クロールは塩素、カルキは石灰を意味する。

水道水の臭いは塩素に由来するので、本来〝クロール臭い〟というほうが正しい。

「さんぴん茶」という名前の由来は？

沖縄名物の「さんぴん茶」。ジャスミン茶のことをこう呼ぶのだが、「さんぴん」とはどういう意味だろうか？

中国では、ジャスミン茶のことを「香片茶」ともいう。その発音が「シャンピェンチャー」。これが、さんぴん茶の語源。

コーヒーの生産量トップは、ブラジル。では2位は？

ベトナム。日本ではなじみが薄いが、世界的なコーヒーメーカー、ネスレ社がベトナムを大産地に育てあげたのだ。以下、3位コロンビア、4位インドネシア（マンデリンで有名）、5位エチオピアと続く。なお、ブルーマウンテンの産地のジャマイカは46位。それほどに、ブルマンは生産量が少ない。以上は、２０１４年のデータ。

ワインを保管するとき、横に寝かせておくのは？

ワインを寝かせて保存するのは、コルクを乾燥させないため。コルクは乾燥すると、空気を通しやすくなり、中のワインが酸化してしまう。そこで、ボトルを横に寝かせて、コルクをたえず液体（ワイン）に触れさせておくというわけ。

◆まだまだ続く！　スイーツ・飲み物・外食の話題

□**カフェ・ラテの「ラテ」とはイタリア語で「牛乳」。**カフェ・オ・レの「レ」も、フランス語で「牛乳」という意味。

□**日本で初めて「ペットボトル入り」として売り出されたのは、清涼飲料でもお茶でもなく、醤油。**1977年、キッコーマンが発売。

□**チョコレートをアルミ箔で包んでいる第一の目的は、虫よけ。**加えて、内部の温度を一定に保ち、溶けるのを防ぐという目的もある。

□「ガトー・オ・ショコラ」というと高級そうだが、単にフランス語で「チョコレートケーキ」という意味。なお、ガトーはgâteauと綴り、フランス語でケーキという意味。

□源氏パイ（1965年発売）を発売している三立製菓は、約半世紀後の2012年から、平家パイも販売している。

□「コーヒー豆」「カカオ豆」というが、コーヒーもカカオも、マメ科の植物ではない。コーヒーはアカネ科、カカオはアオイ科。

□菓子の「グミ」の名は、ドイツ語のgummiに由来し、もとはゴムという意味。

□「きのこの山」「たけのこの里」を発売している明治は、かつて「すぎのこ村」を

売り出したことがある。ただ、ヒットには至らず、2年足らずで製造中止。

□**ホワイトデーのお返しとして、菓子メーカーがパイを返すのを流行らせようともくろんだことがある。**その理由は、3月14日→3・14→π（円周率）だから。

□**マクドナルドのチキンナゲットの形は、4パターンしかない。**ナゲットはチキンのミンチを機械で型抜きしてつくられ、その型抜きの形が4種類ということ。

□**「台湾ラーメン」は名古屋発祥。**1970年代、名古屋の中華料理店でまかない料理としてつくられたものが、激辛ラーメンに発展。

Column

この「会話のタネ」に気をつけろ①

□「大工が釘を口にくわえるのは、濡らして錆びやすくして、抜けにくくするため」というのはガセ。両手を自由に使うのが目的。錆びさせるのが目的なら、事前に水につけておけばいいだけの話。

□「ムックのモデルは、ジョン・レノン。ガチャピンのモデルは、ポール・マッカトニー」という説がある。よくできた話ではあるが、根拠はない。

□以前は、「ペンギンの目は水中に適した構造になっているため、陸上ではひどい近視」といわれていた。ところが、近年の研究で、ペンギンの目は調節機能にすぐれ、水陸両用、陸上でもしっかり見えていることがわかってきた。

□「アメリカの高速道路では、戦時に滑走路として使うため、5マイルごとに平坦な直線部分を作らなければならない」という話があるが、ガセ。

3

「日常」の話題

◉身近なモノの話題

ガスボンベに、いろいろな色があるのは？

高圧ガス保安法という法律によって、ガスボンベは、気体の種類別に次のように塗り分けられている。

中身が液化炭酸ガスのときは緑、液化アンモニアは白、液化塩素は黄色、酸素は黒、水素は赤、その他（窒素ガスなど）はねずみ色という具合。

ビニール傘の柄に「ＡＰＯ」と書いてあるのは？

ビニール傘の柄の部分をよく見てほしい。「ＡＰＯ」と書かれているものがあるのをご存じだろうか？

ＡＰＯは非晶質ポリオレフィンのことで、燃やしても有毒ガスが出ない物質で作られていることを表している。

ゴルフボールの表面がツルツルなら、その飛距離は？

ゴルフボールの表面には、ディンプルと呼ばれる凹凸がつけられている。もし、ディンプルがなければ、300ヤードくらい飛ばすプロゴルファーでも、150ヤード程度しか飛ばせない。

凹凸をつけることで、ゴルフボールに揚力を与えることができる。

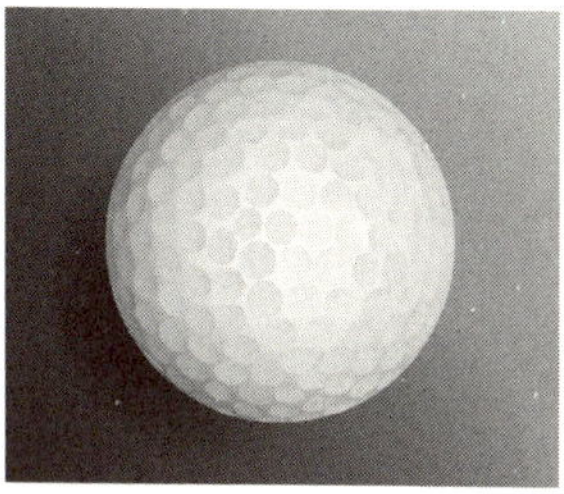

シャンプーできるカツラは、どうなっている？

カツラを洗うときには、通常、頭からはずして専用シャンプーで洗う。だから、カツラの使用を隠している人は、人前で髪を洗うことができない。

近年、そういう悩みをもつ人のために、頭につけたまま、シャンプーできるカツラが開発された。「連続装着タイプ」と呼ばれる、カツラを接着剤で地肌に貼り付けるタイプだ。

この貼り付けタイプなら、ネットの下へ指を入れ、そのまま地肌を洗うことが可能。

ただし、市販のシャンプーを使うと、接着剤の粘着力が弱まるため、専用シャンプーを使う必要はある。

プラスネジとマイナスネジはどう使い分ける？

世の中で使われているネジの90％は、プラスネジである。

残りの10％のマイナスネジが使われている場所は、一言でいえば、ゴミがたまりやすいところ。

プラスネジは、頭の溝に汚れがたまると、ドライバーをさしこみにくくなる。そこで、屋外の電気メーターや水道の蛇口など、ゴミのたまりやすいところでは、マイナスネジが用いられている。

電気ポットのコードが磁石式になっているのは？

電気ポットだけでなく、ホットプレートなど、加熱する機器は、コードが磁石式になっているもの。それは、コードに足をひっかけたとき、コードがすぐにはずれて、機器がひっくり返らないようにするため。

加熱器がひっくり返ると、やけどするおそれがあるので、磁石式にしてコードがすぐにはずれて、本体が倒れないようにしてあるのだ。

ライオンの顔に似せたドアノッカーを使うのは？

欧米のドアには、ライオンの顔に似せた

ドアノッカーが取り付けられていることが多いが、それは、ライオンに見張り役を期待してのこと。

そのルーツは、古代エジプトにまでさかのぼる。

古代エジプトでは、ライオンは目を開けたまま眠ると考えられていた。そこから、ライオンに見張らせれば安全と考えられるようになり、スフィンクス像もそうした考えから生まれた意匠である。

その考え方がヨーロッパにも伝わり、ドアにライオン顔のノッカーをつける風習として残ったのだ。また、ビルなどの前にライオン像を置くのも、同様の考え方からである。

高級靴下の中に、薄紙が入っているのは？

男性用の高級靴下を買うと、靴下の中に白い薄紙が入っているもの。

それには、いくつかの目的があり、まずは型崩れを防ぐこと。また、薄紙をはさむと、たたみやすく、運びやすくなることもある。さらに、靴下の模様がよく見えるという効果もある。

◆まだまだ続く！　身近なモノの話題

□**1万円札と1円玉では、1万円札のほうが重い。**1万円札の重さは、約1・068グラム。1円玉は1グラム。というわけで、1万円札のほうが若干重い。

□**近年、「MADE IN PRC」という表記が増えているが、「PRC」は、中華人民共和国（People's Republic of China）の略。**要するに、「中国製」では売れにくいので、表記を変えた模様。

□**お掃除ロボット・ルンバには、地雷探知技術が応用されている。**製造元のアイロボット社は1996年、地雷探知ロボットを開発、その技術を生かして、200

2年、初代ルンバを開発した。

□**剣玉のルーツは、フランスにある。**近世に生まれ、国王アンリ3世も楽しんだと伝えられる。日本には、江戸時代に入ってきた。

□**気泡緩衝材、いわゆる「ぷちぷち」は、壁紙作りの失敗から生まれた。**1957年、技術者がビニール製の壁紙を作ろうとしていたときに、気泡ができてしまったことがきっかけ。

□**女性用ビキニ水着の腰ヒモは、おおむねダミー。**男性諸氏には残念なお知らせだが、結び目をほどいても、はずれない。

□**最近のランドセルは、背中にふれる部分がデコボコしている。**通気性をよくして、汗で蒸れないようにするための工夫。

□**「マジックテープ」は登録商標で、普通名詞としては「面ファスナー」という。**なお、英語では「ベルクロ」と呼ばれるが、これも商品名であり、面ファスナーを開発したスイスの企業名に由来する。

□**万華鏡は、二度と同じ模様が出ない。**

□**金箔は、厚生労働省認可の食品添加物。**だから、金箔入りの日本酒を作ったり、着色料としても使うことができる。

□**ゴム製のビーチサンダルは、日本が生みだした世界的ヒット商品。**1947年に発売し、輸出すると、ハワイだけで1カ月に10万足が売れる大ヒット商品となった。

□**蚊とり線香の長さは、8時間で燃え尽きるように設定されている。**これは、日本人の平均睡眠時間に合わせたもの。

□**リカちゃん人形は、視線が少しだけ向かって右を向いている。**人間は、相手が人形でも、目が合うと圧迫感を感じるため、〝目が合わない〟ようにしてあるのだ。

□**プラモデルメーカーのタミヤは1976年、ポルシェ934ターボをプラモ化する際、取材では内部構造までわからなかったため、本物のポルシェ911を購入し分解、それをもとに金型を作成した。**

□**クラシエ（旧カネボウ）のカモフラージュメイクは、自衛隊員にも使われている。**顔面迷彩塗料として、官給品よりも肌にやさしく、伸びもよいという。

□**ファミレスの伝票入れが、円筒を斜めに切った形なのは、倒れたときに、ころがりにくくするため。**

□**ゴルフスコアをつけるための簡易鉛筆の名は、ペグシル。**１９７５年、製造元の岡屋の創業者が牛乳ビンのふたをはずす栓抜きをヒントに開発した。なお、値段は１本４～５円。

□**パチンコ玉の大きさは、国家公安委員会規則の遊戯機の認定及び型式の検定等に関する規則によって、厳密に定められている。**直径11ミリ、重量５・４～５・７グラムの鋼製で、均質の材質であること、など。

□**使い捨てカイロ、乾電池、魚群探知機、胃カメラ、温水洗浄便座、自動改札機、シャープペンシル、レトルトカレー、カラオケの共通点は、いずれも日本人の発明。**

◉気になるモノの話題

防犯カメラの画像がいまどき白黒なのは？

かつての防犯カメラは、カラー撮影だと記録媒体の容量を大きく使い、長時間録画が難しかった。

近年は、技術が進歩し、カラーでも長時間録画できる機種が増えている。カラーのほうが服の色がわかるなど、防犯上、有益な情報をとらえられるため、今後はカラー化が進むことになるだろう。

高級ホテルの寝具に白が選ばれるのは？

高級ホテルの寝具やリネン類（シーツ、

タオルなど）に、白いものが使われているのは、汚れが一目でわかるようにするため。

一方、値段の安いホテルで、色物の寝具などが使われていることがあるのは、汚れを目立ちにくくするためだ。

旅館の座いすの座面に穴が開いているのは？

旅館の和室には、木製の座いすが置かれ、その床と接する面には、丸い穴があいていることが多い。

これは、座いすの上に置いた座布団が滑りにくくするため。座面に穴をあけておくと、座布団と畳が直接に触れるため、滑りにくくなるのだ。

無料のコインロッカーでも、硬貨を入れるのは？

美術館や博物館などには、無料のコインロッカーが置かれているものだが、それらもいったんは１００円玉を入れ、荷物を出すときにその１００円が戻ってくるという仕組みになっている。

あとで返してくれるのに、いったんは１００円玉を入れるのは、カギの持ち去りを防ぐため。また、一人でいくつものロッカーを使うのを防ぐ効果もあるという。

世界でいちばん高価な宝石は？

取引価格が公表されているものでは、２

011年、カタール王室が落札したヴィッテルスバハ・グラフダイヤモンドで、価格は約80億円。

もとは、バイエルン王国（現ドイツ）の王冠に使われていた35・56カラットのブルーダイヤ。リカットされ、少し小さくなっての取引だった。


東京メトロの最高速度は？


これは、路線によって違い、日比谷線、半蔵門線、有楽町線など、比較的新しい路線では、時速80キロが最高。丸の内線は75キロ。

最も古い銀座線では、最高でも65キロしか出せない。

一方、最も速いのは、東西線の時速100キロ。

ただし、その最高速度を出せるのは、地上を走る区間。


今、蒸気機関車の部品をどうやって調達している？


観光用のSLを走らせている鉄道会社では、蒸気機関車をどうやって修理しているのだろう？

まず、ねじなどの小部品は、修理・点検の担当者が手作りしている。自社で作れない部品は、メーカーに一つずつ作ってもらうか、他のSLの部品を流用したりしている。

ポルシェ911は、なぜ「911」か？

開発段階のコードナンバーは「901」だったのだが、中央に0の入った3桁の数字はプジョーがすべて商標登録していたため、ポルシェ社は使うことができなかった。

そこで、商標権をおさえられていなかった「911」に改め、発売された。

日本で、ダイヤモンドは見つかったことがあるか？

これまで、日本でダイアモンドは発見されていない。

日本で、それなりの量が発見されている宝石は、トパーズ、オパール、ガーネット、アクアマリン、トルマリンなど、比較的値段の安い宝石ばかり。ルビーとサファイアは、ごく少量、見つかっている。

「布製」の防火シャッターがあるって本当？

布製の防火シャッターがあるのは、本当の話。その素材であるシリカクロスは、1000℃の熱に1～2時間さらされても、溶けたり変形したりしない。

加えて、透光性があるため、シャッターの向こう側の燃え具合がよくわかるというメリットがある。ただし、値段はまだ高い。

選挙の投票箱はいくらで買える？

選挙の投票箱は、ただのアルミの箱のようだが、２～４万円とけっこういい値段する。

運搬のため、折り畳み式になっているものが多いことや、カギをかけられること、底からもれなく取り出しやすい仕組みになっていることなどが、その理由だという。

ラジアルタイヤの「ラジアル」の意味は？

ラジアルは「放射状」という意味。タイヤの骨組みとなる繊維が放射状に織られていることから、この名がついた。

ゴムの強度だけでは、重量１トン以上の自動車を支えることはできない。

そこで、タイヤの内側には、ポリエステルなどの化学繊維が補強材として使われている。

そのとき、繊維の織り方でタイヤの性質が変わり、放射状に織っているのがラジアルタイヤ。この織り方だと、化学繊維は伸びきることがなく、摩擦力が高まり、スリップしにくくなる。

近頃、大型車のタイヤが浮いているのは？

最近の大型車には、タイヤを上下させるシステムを備えている車がある。

「リフトアクスル」と呼ばれる装置でタイ

ヤを上下させ、積載物の重さによって接地するタイヤの数を変えられるのだ。

たとえば、貨物が少ない場合は、接地タイヤの数を減らしても安全に走れるので、タイヤを引き上げる。すると、タイヤの磨耗を防げるうえ、燃費がよくなるというわけだ。

そして、最大のメリットは、高速料金が安くなること。タイヤを支える軸数を減らすと、高速道路での扱いが、特大車から大型車に代わり、高速料金が40％も安くなるケースがあるのだ。

チャイナドレスの横にスリットが入っているのは？

チャイナドレスは、横にスリットの入った女性用の中国服。

ただし、和製英語であるため、中国でも英語圏でも通じない。

中国では清朝時代の支配階級だった満州族の伝統服とされ、「旗袍《チイパウ》」と呼ばれる。なぜ横にスリットが入っているのかというと、そもそもは、乗馬の際、脚を横に出すためだった。

黒真珠はどうやって黒くなる？

黒真珠は、南太平洋のタヒチなどに生息するクロチョウ貝から採れる。

真珠ができる過程をおさらいすると、貝の体内に入った異物が核になり、貝の出す分泌物によって、核のまわりに炭酸カルシウム層ができていく。

その層が真珠層となっていくのだが、真珠層にはいろいろな色素成分が含まれ、クロチョウ貝はその成分が黒いので、黒真珠となる。

ただし、黒真珠には人造のものもある。普通の真珠の表面を硝酸銀で加工したり、核と層との間に染料を注入して黒くするのだ。

流通している黒真珠には人造物も少なくないので、商品標示にご注意のほど。

銃に黒いものが多いのは？

15世紀前半、ヨーロッパで火縄銃が発明され、火縄銃の鉄の部分は黒サビが発生したため、しぜんに黒ずんだ。

そこから、銃は黒っぽいものというイメージが生じた。

その後、小型拳銃が誕生しても、黒を基調とした色に塗られてきたのは、銃という性質上、目立つことが嫌われるからだ。

爆弾の「信管」にいろいろなタイプがあるのは？

砲弾、ミサイル、地雷など、爆薬を用いる兵器には「信管」が取り付けられている。

信管は、爆薬を炸裂させる起爆装置であり、その目的によって、時限信管、近接信管、着発信管、感圧信管など、さまざまなタイプがある。

そのうち、時限信管は、タイマーによって、設定時刻に爆発するタイプ。対空砲や照明弾に使われる。

近接信管は、目標に近づいたところで、爆発を起こすタイプで、対空兵器によく使われている。

着発信管は、目標に弾着した瞬間に作動する信管で、戦車砲や対戦車ミサイルに使われる。

感圧信管は、一定以上の圧力に反応して作動し、地雷に使われる。

ワルサーP38の「P38」って、どういう意味？

ルパン三世愛用の拳銃ワルサーＰ38の「Ｐ」は、ピストーレの略で、軍に制式採用されたピストルという意味を含む。その次の「38」という数字は、軍に採用された年を表す。

つまり、Ｐ38とは、１９３８年に軍に採用された拳銃という意味。

拳銃名のニューナンブM60の「ナンブ」とは？

日本の警察官が使ってきた拳銃「ニューナンブＭ60」。この「ナンブ」は、陸軍の南部麒次郎大尉の名に由来する。

彼は、南部14年式拳銃（陸軍採用）などを開発した技術者で、かつてニューナンブＭ60を製造していた企業、新中央工業の前身の中央工業の創始者でもある。

警察用自転車の前輪部にある「筒」の正体は？

警官がパトロール用に使う自転車の前輪部に、筒のようなものが取りつけられていることに、お気づきだろうか？ 以前は、白い筒が1本だけついていたが、近ごろは透明の筒を2本備えていることもある。

それは、警棒と誘導棒の2本の棒を納める筒。近ごろ、それらの筒が透明になったのは、夜、誘導棒を赤く光らせたまま走り、ライト代わりにするため。

世界最大の金の延べ棒は？

金の延べ棒としては、重さ250キロのものが最大で、価格は約12億円。三菱マテリアル製で、ギネスブックにも世界一の金塊として認定されている。

同社関連の観光施設、土肥金山（静岡県）で一般公開中。

◆まだまだ続く！　気になるモノの話題

□**のど自慢でキンコンカンと鳴らす楽器の名は、チューブラー・ベル。**鐘（ベル）を管状（チューブラー）にした楽器という意。

□**日本にある信号機の全電気代は年間約120億円。**全国に約20万基の信号があり、その電気代を支払っているのは、各都道府県の県警。

□**近代的な合板の発明者は、イマヌエル・ノーベル。**ダイナマイトの発明者であり、ノーベル賞の創立者であるアルフレッド・ノーベルの父親。

□**カツラに使われている金属は、ヘアピン程度なので、金属探知機には引っかからない。**ただし、テロ事件が起きて、金属探知機の感度が上げられたときは、その限りではない。

□**「翡翠」には、価値が違う2つの種類がある。**宝石として扱われるのはジェダイトで、和名では本翡翠や硬玉と呼ばれる。一方、ネフライト（和名・軟玉）は、パワーストーン用。値段は、比較にならないほど、ジェダイトが高い。

□**1945年以降、イギリスの戦車は、紅茶をいれる装置（給湯器）を標準装備している。**現在の主力戦車チャレンジャー2も、例外ではなく、お茶をいれるほか、レトルト食品を温めることもできる。

□**自動販売機を見れば、自分がいる所番地がわかる。**2005年から、自動販売機には住所表示ステッカーが貼られているので、道に迷ったときのほか、110番・119番通報する際にも役立つ。

□**生コンに砂糖を0・05%でも入れると、硬化しなくなる。**そのため、建設業界では、コンクリート打ちの際、コーラやジュースの持ち込みは厳禁。

□**電車のロングシート（横長の座席）は、当初は一等車に使われていた。**当時の感覚では、足を前に投げ出せる分、ボックス席よりも楽で、上位の席とされたのだ。

□**200年ほど前まで、ダイヤモンドはさほど価値のない宝石だった。**硬すぎて、加工できなかったため。

□**世界初の電動式・綿菓子製造機は、アメリカ人が考案。1897年のこと。**

4

「地理と歴史」の話題

◉世界地理の話題

内陸国のベラルーシに"海軍"があるのは？

南米のボリビアが内陸国なのに海軍を擁するのは、マニアの間では有名な話だが、同じ内陸国のベラルーシ（旧ソ連）も、"海軍"を持っていることは、あまり知られていない。

ドニエプル川などの大河を河川艦隊が守っているのだ。厳密にいうと、ベラルーシ国境軍が保有する艦船ということになる。

また、同じ内陸国のモンゴルにも、1997年までは海軍が存在した。北部のフブスグル湖で、おもにソ連（ロシア）から、石油を輸送する任務を担当していた。保有艦船は1隻で、兵員は7名だった。

ドバイには住所がないって本当？

ドバイに住所がないのは本当の話。かつて、遊牧民が定住しなかったことの名残りといえる。地域名やビル名はあるのだが、番地は存在しない。

そのため、ドバイでは、店やレストランも住所からは探せないので、たどりつくのが大変。郵便物は、郵便局か勤務先の私書箱で受け取るのが、この国の常識。

プロの登山家にとって、世界一危険な山は？

アンナプルナ（ネパール）とみられる。同山は標高８０９１メートルの世界９番目の高山で、登頂者に対する死亡者率は30％にものぼる。

２０１４年には、ネパールのトレッキングにおける最悪の事故も発生。雪崩によって、トレッキング客ら、43名が死亡している。

世界一大きいプールは？

南米チリのリゾート地、サン・アルフォンソ・デル・マルには、長さ１キロのプールがある。

最深部の深さは35メートル。その維持費は、年間400万ドル（4億5000万円）もかかるという。

スコットランドの紙幣に日本人が描かれているのは？

2007年発行のスコットランドの20ポンド紙幣には、日本人が描かれている。渡邊嘉一という土木技術者で、彼は明治時代、イギリスに留学、技師となって4年間、スコットランドのフォース鉄道橋の工事に監督として参加した。

紙幣には、同鉄道橋の構造原理を実演した写真が載せられ、その真ん中に彼がうつっているのだ。彼は帰国後、数々の鉄道経営などに参加、日本土木の父といわれるようになった人物。

地球の陸地面積の4分の1は砂漠って本当？

現在、地球上の陸地面積の4分の1は、砂漠である。厳密にいうと、それだけの土地が、すでに砂漠になっているか、砂漠化の影響を受けている。

世界一広い砂漠のサハラ砂漠だけで、907万平方キロもあり、日本の国土の約24倍に相当する。

ナイルもインダスもメコンもメナムも、同じ意味!?

ナイル川のナイル、インダス川のインダ

ス、メコン川のメコン、メナム川のメナムは、すべて「川」という意味。だから、日本人は、これらの川を「川・川」と呼んでいることになる。

このうち、タイの中心部を流れるメナム川だけは、日本でも現地の呼び方に従うようになり、チャオプラヤー川と呼ばれるようになっている。

中国の「東京」って、どんな町？

「東京」という言葉は、固有名詞であるとともに、「東の都」という普通名詞的な意味を含んでいる。日本の「東京」も明治初期、事実上の遷都を行うとき、西の京都に対する名前として付けられたものだ。

中国にも、同様の理由から、「東京」という名の都市が多数あった。後漢時代には、長安から洛陽（長安から見ると東にある）に遷都した際、東の都という意味で洛陽のことを「東京」と呼んだ。

隋・唐は長安に都をおき、洛陽は二番目の都と位置づけられて、やはり東京と呼ばれた。

以後、遼や北宋も、同様の意味で、東部の中心都市を「東京」と呼んだ。

さらに、朝鮮半島でも、高麗時代、東部の中心都市が「東京」と呼ばれたことがある。

なお、ベトナムのトンキン湾は、漢字で書くと「東京湾」になり、トンキンは首都ハノイの旧称でもある。

14歳からお酒を飲めるのは、どこの国？

スイスでは、14歳からお酒を飲める州がある。スイスは、飲酒の年齢制限が各州にまかされていて、州と酒の種類によって、飲める年齢が14歳から18歳まで幅があるのだ。

オーストリアも同様の事情で、15〜18歳で酒が飲める。ドイツ、フランス、イタリア、スペインは、弱めの酒なら16歳から飲むことができる。

日本の「アルコールは20歳から」は、イスラム圏以外では、世界的にみて最も遅めの部類。

コロコロ島って、どんなところ？

コロコロ島（Cororoco Island）は、南米大陸の北側にある島。大部分はベネズエラ領で、一部はガイアナ領だ。

現在、国境線をめぐって係争中で、過去も国境線や帰属する国が、ころころと変わってきた島。

地震のない国はあるか？

世界では、地震が起きない国のほうが多い。まず、アフリカ大陸やオーストラリア大陸の大半は、地震がほとんど起きない。ヨーロッパでは、イタリアやギリシャは地震国だが、ドイツやフランス、イギリス、オーストリア、スカンジナビア半島のスウェーデンやノルウェー、フィンランドでは、地震はめったに起きない。

南米では、チリやペルーは地震国だが、アルゼンチンやブラジル、ウルグアイでは地震はほぼ起きない。アジアでも、シンガポールやマレーシア、タイは地震がほとんどない。

アメリカでは、アラスカ州とカリフォルニア州は地震があるが、その他の地域はほとんど地震が起きない。

ギリシャに禿山が多いのは？

現代のギリシャは禿山の目立つ国だが、これはギリシャが古代から海洋民族であったことの証拠といえる。

古代の地中海世界には森が広がっていたのだが、ギリシャでは多数のポリスが船をつくるため、樹木を大量に伐採、植林を怠ったため、現在のような禿山が広がったというわけだ。

オーストラリアの国章は、なぜカンガルーとエミュー？

オーストラリアには、コアラやウォンバット、カモノハシなど、多種多様な動物が暮らしているが、その中から、同国の国章には、カンガルーとエミューが選ばれている。

この2種は、前には進めるが、後ろには

進めない。オージーは、その２種を「常に前進する」ことのシンボルにしたのだ。

17カ国もの国を流れている川は？

ドナウ川はヨーロッパで２番目に長い川で、全長２８６０キロ。ドイツ南部に端を発し、17カ国を流れ、黒海にそそいでいる。

なお、名曲『美しき青きドナウ』の影響もあって、ドナウ川といえば、オーストリアやドイツを流れる川というイメージがあるが、オーストリア国内を流れているのは、全体の10・３％、ドイツ国内は７・５％に過ぎない。全体の３分の１近い28・９％は、ルーマニア国内を流れている。

◆まだまだ続く！ 世界地理の話題

□**史上最大の自然災害は、１９３１年の「１９３１中国大洪水」。**長江と淮河《わいが》が氾濫を繰り返し、２００万人から４００万の人が亡くなったと推定されている。

□**中米の国エルサルバドルの国名は、「救世主」という意味。**そのため、漢字では「救世主国」と書く。

□**世界最大の祭りは、リオのカーニバルではなく、インドの「マハ・クンブメーラ」。**世界最大のヒンドゥ教の祭典で、12年に一度開催され、1億人以上が集まる。

□**韓国では、今も、生まれた歳を1歳とする「数え年」が使われている。**公的には1962年からは満年齢を使用することになっているのだが、民間では今も数え年が主流。

□**ノルウェー中部に「Hell」（地獄）という村がある。**人口約1400人の小村だが、その名からカルト的な人気を呼び、「Go to Hell!」のかけ声のもと、ヨーロッパ各地などから、観光客を集めている。

□**アフリカ大陸の最南端は、喜望峰（南緯34度21分29秒）ではない。**その東南東のアガラス岬（南緯34度50分）が最南端。

□**あのエロマンガ島は近年、イロマンゴ島と表記されることが増えている。**そのほうが現地バヌアツの発音に近いというのだが、ますますエロくなったという評判。

□**シンガポールの象徴、マーライオンは有名なものだけでも5体ある。**日本人観光客が足を運ぶのは、その一つのマーライオンパークのマーライオン。

□**ミニ国家、サンマリノの正式な国名は「最も清らかな共和国サンマリノ」。**イタリア語のSerenissimaという単語が頭につき、英語にはMost Sereneと訳される。

□**東経111度11分11秒、北緯11度11分11秒の地点は、ベトナムの東海上にある。**つまり、現在、中国が狙っている南シナ海の海上にある。

□**中国には、鏡泊湖《チンポー》という湖がある。**北朝鮮との国境近くにある長さ45キロ、幅4キロほどの長細い湖。

□**赤道のうち、徒歩で歩けるのは、全体の5分の1の8000キロ程度。**残りは海の上。

□**イギリスといえば、雨が多いというイメージがあるが、じつはロンドンの降水量は東京の半分以下。**

□**世界の大陸の英語名は、Europeをのぞいて、すべてAで始まりaで終わる。**Asia, America, Australia, Africaという具合。

□**スコットランドの国獣はユニコーン。**そう、あの架空の動物の一角獣である。

□**国境を接している国どうしで、首都同士がいちばん離れているのは、ロシア（モスクワ）と北朝鮮（平壌）。**

□**永世中立国スイスには、無数の防空壕（地下核シェルター）がある。**２００６年まで、家を建てる際には、防空壕の設置が義務付けられていたため。

□**アドリア海に浮かぶガレシュニック島は、世界でいちばんハート型に近い島。**クロアチア領のこの島は、周囲1545メートルの無人島。近年は、上空を遊覧飛行するハネムーンツアーなどが企画されている。

□**韓国の運動会では、白組と赤組ではなく、白組と青組に分かれて戦う。**反共の時代、共産党を連想させることから赤を嫌い、青を使うようになった。

□**アルゼンチンの大統領官邸は「カサ・ロサダ」。スペイン語で、ピンク色の館という意味で、通称ピンクハウス。**1873年、それまで政争を繰り広げていた赤の党と白の党が統合、大統領府を中間色のピンクに塗った。

□**ドイツには、釣り免許がある。**免許を取得しないと、釣り堀でも釣りができない。学科試験は30問で、25問以上の正解が必要。その後、実技試験が課される。

□**オーストラリアの鬼ごっこのルールは以下の通り。**男女別のチームに分かれ、男の子の鬼が女の子を捕まえると、頬にキスをする。次は、女の子が鬼になり、男の子を捕まえると、キスをする——その繰り返し。名前は「キャッチ&キス」。

□**イタリアのローマから国際郵便を出すときは、イタリア国内から出すよりも、バチカンから出したほうが、早く着く。**

□**中国人観光客には、日本の寺院を訪れたとき、がっかりする人が少なくない。**中国の寺院のように金ぴかではないため。だから、金閣寺の人気はひじょうに高い。

□**韓国の姓は280種余り。そのうち、金、李、朴、崔、鄭の「五姓」で5割以上を占めている。**

□**中国では、蝙蝠《こうもり》は幸運のシンボル。**蝙蝠の中国読みの音が「福が偏りくる」という言葉とよく似ていることと、「蝠」という漢字が「福」に似ているところから。

□**南米の国、コロンビアの綴りはColombiaであり、アメリカの名門コロンビア大学や都市のコロンビアのColumbiaと綴りが異なる。**コロンビアでは、間違った綴りを防ぐキャンペーンを張っているが、事態はさして改善していない。

□**メキシコの正式名称は、メキシコ合衆国。「合衆国」と訳される国は、隣りの超大国とメキシコ、この二カ国だけ。**

□**ヨーロッパ各国で、最も多い姓（ラストネーム）は、イギリスはスミス、フランスはマルタン、ドイツはミュラー、イタリアはロッシ、ロシアはスミルノフ。**

◉日本地理の話題

日本国内に「サラダ」という地名があるのは？

徳島県三好市池田町には、「サラダ」という地名がある。

もとは、さら田（さらの田＝新田）で、江戸時代の検地台帳には「皿田」と書かれていたが、文明開化期から「サラダ」と書かれるようになり、やがて正式名称になったとみられる。

このほか、池田町には、「シマ」「ハヤシ」「シンヤマ」「マチ」「イタノ」などの正式に認められたカタカナ地名が多数ある。

それらは江戸時代までは、サラダ同様、漢字で書かれていた。

しかし、明治初期、池田町出身の商人たちが横浜などを訪れた際、街にカタカナが溢れているのをみて、カタカナの時代が来ると思って、カタカナ名に改めたと伝えられている。

日本一短い川が、なぜ「ぶつぶつ川」？

ぶつぶつ川は、和歌山県の那智勝浦町を流れる二級河川で、その全長は13・5メートル（キロメートルではない！）。もちろん日本一短い川である。

地下から水がぶつぶつと湧きだしていることから、この名になったとみられる。

「南あわじ市市市」という地名があるのは？

兵庫県に「南あわじ市市市」という地名がある。

読み方は「南あわじ市・市市《いちいち》」。もとは、三原町市市だったのだが、平成の大合併で「南あわじ市」になり、「市市市」と市の字が３つ続くことになった。

なお、「町」のほうは、佐賀県に大町町《おおまちまち》、大町《おおまち》、長崎県に鹿町町鹿町免《しかまちまちしかまちめん》という地名がある。

「面白山」という山名の由来は？

山形県と宮城県の県境に「面白山」（標高１２６４メートル）という山がある。

山肌に雪が白く残るところから、「つらしろ山」と呼ばれ、それに「面白山」と漢字が当てられ、やがて「おもしろ山」と読むようになった。

ＪＲ東日本の仙山線には「面白山高原駅」という駅もある。

名前が最も長い山は？

山梨県に、「牛奥ノ雁ケ腹摺山」という山がある。読み方は「うしおくのがんがはらすりやま」で、ひらがなにすると14文字。国土地理院の2万5000分の1地形図に山名が載る山のなかでは、最長の名前だ。

名前の意味は、「空を飛んでいく雁が、腹を擂るほどに高い」ということだが、標高は1874メートル。近くにそびえる富士山のほぼ半分しかない。

宮崎県に「トロントロン」という地名があるのは？

宮崎県の「トロントロン」地区には、トロントロン商店街、トロントロンドーム、トロントロンという名のバス停などがある。

その名の由来は、湧き水の音に由来するという説が有力。西南戦争時、薩摩軍が通過したときに、トロントロンという音がしたので、そう名づけられたという説もある。

なお、岡山県倉敷市には「ドンドン」という地名がある。これも、川の流れる音に由来し、その音を「ドンドン」と表して生まれた地名とみられる。

釧路市に「鳥取」という地名があるのは？

かつて、鳥取県出身の士族が入植したた

めで、1949年、釧路市に併合されるまでは、鳥取町という自治体があったくらい。

このほか、北海道には、宮城、山形、福島、茨城、栃木、長野、岐阜、岡山、土佐、熊本など、入植者の出身地に由来する地名が多数ある。

「青山一丁目」という駅はあるのに、地名がないのは?

東京メトロに「青山一丁目」という駅はあるのだが、青山1丁目という地名は存在しない。過去をさかのぼっても、青山1丁目という地名が使われていたことはない。なぜ、存在したことのない地名が駅名に使われることになったのだろうか?

東京メトロの前身が、同駅を開業したのは1938年のこと。当時の住所表示では、駅は「赤坂区青山南町1丁目」と「青山北町1丁目」の境あたりに位置していた。そこで、どちらの町内からも文句がでないように、双方に共通する言葉をとって「青山一丁目」としたという説が有力だ。

「丁目」のうち、最も大きな数字は?

北海道帯広市には、「南42丁目」という地名がある。これが「○○丁目」の中では最も大きな数字。

なお、静岡県浜松市西区篠原町には、27409番地があり、番地ではこれが最大の数字。

沖ノ鳥島に郵便番号はあるか?

沖ノ鳥島は、日本最南端(北緯20度25分)の無人島。

北小島と東小島の2島からなるサンゴ礁の島だが、わが国の経済水域を広げるのに貢献していることは、ご承知のとおりである。

日本の領土である以上、沖ノ鳥島にも、住所と郵便番号がある。住所は、北小島が「東京都小笠原村沖ノ鳥島一番地」で、東小島は「同二番地」。

郵便番号はともに100―2100。東京から1740キロも離れているが、東京都内なのだ。

日本百名山のうち、いちばん低い山は?

日本百名山のうち、最も低い山は、茨城県の筑波山《つくばさん》で、標高877メートル。日本百名山のうち、標高1000メートル未満の山は、同山と開聞岳《かいもんだけ》(924メートル)の二山だけ。

逆にいうと、この二山は、標高以外の魅力がたっぷりの山というわけ。

東京メトロの駅名に、ひらがなが入っているのは?

東京メトロの駅名のうち、ひらがなが使われているのは、「雑司が谷駅」ただひとつ。他に、たとえば霞ケ関駅は、カタカナで書く。

現在、地名は霞が関と書くのだが、駅名は1962年の住居表示法が施行される前から使われ、同法施行後も改名することなく、カタカナが使われ続けている。路線名も同様で、丸ノ内線は、丸の内線ではなく、「ノ」と書く。

日本でいちばん天気のいい県は？

日本で、いちばん快晴の日が多い県は、埼玉県。一年のうち、64日間も快晴の日がある。年間の日照時間も、埼玉県がトップだ。

その理由は、埼玉県は、海からも山からも、ほどよく遠く、雨雲が近づきにくいため。その分、気温は上がりやすく、県内の熊谷市が夏の〝暑さ番付〟の常連になるというわけだ。なお、東京も、晴れの日が多いところで、年間46日間は全国5位。（ともに2014年の数字）。

日本一人口が少ない「市」は？

北海道の歌志内市で、人口3462人。石炭の街として、最盛期には4万6000人の人口を数えたが、現在はその10分の1以下にまで減っている。

なお、日本でいちばん人口が多い「村」は、沖縄県の読谷村《よみたんそん》。4万1401人と、歌志内市のほぼ10倍以上の人口を誇る。

現在、日本でいちばん低い山は？

宮城県仙台市の日和山は、国土地理院の地形図に載っている山としては、現在、日本一低い山。

同山は、1991年から96年までは日本一低い山だったが、その後、大阪の天保山が地形図に掲載され、その座を失っていた。ところが、東日本大震災による地盤沈下などにより、2014年4月から日本一低い山として復活。現在標高3メートル。

新潟県に神社が多いのは？

47都道府県のうち、神社が最も多いのは、新潟県（4758社）である。

米どころであり、昔から村落共同体が多く、その分、産土神などを祀る神社が増えることになった。なお、最も少ないのは、沖縄の14社。

吉祥寺に特別快速が停まらないのは？

中央線の特別快速は、吉祥寺には停まらない。住んでみたい街ナンバー1のこの街に停まらないのは、人気の高い街なので、停めると、乗客が多くなりすぎる懸念があるため、あえて停めないのだという。なお、隣の三鷹駅には停まる。

上越新幹線が中越地方を走っているのは？

上越新幹線が走っているのは、いわゆる中越地方。それなのに、なぜ「上越新幹線」というのだろうか？

これは、新幹線の「上越」は、「上野国《こうずけ》」（＝群馬県）と「越後」（新潟県）の総称で、新潟県の一部を意味する「上越」とは意味が違う言葉だから。

合併していない浦安市の面積が4倍以上になったのは？

千葉県浦安市の面積は、約17・3平方キロ。かつて町制が施行されたときは、4・4平方キロだったので、4倍以上にも〝成長〟している。

それは合併によるものではなく、すべて埋め立てによるもの。ディズニーランドも、埋め立て地の上に建設されている。

◆まだまだ続く！　日本地理の話題

□**鹿児島県の高千穂小学校には、温泉がある。**標高の高い地域なので、プール授業のあとなど、体を温めるのにいいそうだ。その名も「わらべ湯」。

□かつて、有名だった幸福駅が廃駅になったのは、すでに30年も前のこと。**今、現役の縁起のいい駅名には、「おかどめ幸福駅」（くま川鉄道）、「寿駅」（富士急行）、「極楽駅」（明知鉄道）などがある。**

□**国土交通省の調べでは、日本で法的に「河川」とされる川の数は35260。**

□**国土地理院発行の地図に名前が載っている「山」を数え上げると、約１８０００。**もっとも、山は定義は難しく、中央省庁も正確な数は把握していない。

□**国道のなかでは、日本一の急坂は、３０８号（大阪府～奈良県）の暗峠《くらがりとうげ》あたりにある。**最大斜度37度。３０８号は、いわゆる「酷道」の代表格。

□**世界最古の宿泊施設は、山梨県早川町の西山温泉の慶雲館。**ギネス認定。７０５年創業。

□**奈良県でいちばん高い建物は、今なお興福寺の五重塔（50・1メートル）。**現代の建物で最も高いホテル日航奈良（地上46メートル）よりも、約４メートル高い。

□**新宿警察署の署員数は、約６３０人。**一方、鳥取県警は全警察官で１２００人余り。新宿署は、その半分以上を一つの署で占めているわけ。

□**群馬県と新潟県の境界あたりには、「にせ藤原山」（標高1750メートル）がある。**近くの藤原山（1709メートル）よりも、標高が高い。

□**愛知県の形は、猫の体型に見えなくもない。**知多半島と渥美半島を前後の足に見立てると、ややずんぐりした猫の姿に見えないだろうか？

□**山口県には、下関のほか、上関、中関もある。**

□**沖縄では「パイナップルは、ハブのいないところでは育たない」といわれる。**ともに、酸性の土壌を好むため。

□**日本には、一県だけ、一級河川が流れていない県がある。**沖縄県で、沖縄本島は幅が10～15キロ程度しかないので、大きな川が流れるようなスペースがないのだ。二級河川は75本もあるのだが。

□**長崎県営バスには、片道だけの定期券がある。**長崎は坂の町なので、片道定期という、事実上、上り坂専用の定期を販売しているのだ。お客は、下るときは自分の足で歩き、坂を上るときだけ、バスに乗るというわけ。

□**47都道府県の名前のうち、北海道、愛媛、沖縄という「姓」をもつ人は確認されていない。**なお、「東京」さんは、全国に10名ほどいる模様。

□**大阪のおばちゃんといえば、何かにつけて飴を配ることで有名だが、大阪人のキャンデー・飴類の消費量は意外に少ない。**3・52袋（年間・一人当たり）で全国

41位（2014年）。トップの佐賀県の一人当たり7・03袋のほぼ半分。

□**青海《あおみ》駅は、ゆりかもめの駅。**青梅《おうめ》駅は、JR線の青梅線の駅。待ち合わせたときは、お間違えのなきよう。

□**梅干しの産地、和歌山県みなべ町には、通称「梅干しでおにぎり条例」がある。**おにぎりをにぎるときは、梅干しを具にするように呼びかける条例で、正式名は「みなべ町紀州南高梅使用のおにぎり及び梅干しの普及に関する条例」。

□**秋田県のナマハゲは、赤鬼が男で、青鬼は女。**酔っぱらって赤くなった男と、それを見て青ざめる女の姿を表しているといわれる。

□**通天閣（初代）は一時、吉本興業が所有していた。**また、初代の通天閣の電灯工事には、松下幸之助氏（当時17歳）が配線工として参加している。当時、大阪電灯に勤務していた。

□**東京都内にある民放キー局5社の本社は、すべて「港区」内にある。**お台場にあるフジテレビも、住所は港区台場2丁目。なお、ＮＨＫだけは渋谷区内。

□**東名高速には、水族館付きのパーキングエリアがある。**淡水魚専門の水族館としては世界最大級の「アクア・トトぎふ」には、川島ＰＡから高速を降りることなく入館できる。

□**秋田県の道の駅、おがち「小町の郷」では、「美人証明書」を有料で発行してもらえる。**同地は、小野小町の出生地と伝えられる場所。

□荒川は、荒川区内を流れていない。

□小田急線の南新宿駅は、新宿区ではなく、渋谷区内にある。

□牛久沼は、牛久市内ではなく、龍ケ崎市内にある。

□遊園地の「としまえん」があるのは、東京都豊島区ではなく、練馬区。

□宮城県の仙台空港は、仙台市内にはない。名取市と岩沼市にまたがっていて、住所は空港事務所のある名取市。

□京都市東山区には、「と、いうわけで。」という名のラブホテルがある。

□**大阪には「咲くやこの花高等学校」という高校がある。**２００８年設立の市立の中高一貫校。古今集の和歌「難波津に　咲くやこの花　冬ごもり　今は春べと　咲くやこの花」にちなむ。

□**国際基督教大学（ＩＣＵ）の芝生のキャンパスには、バカ山とアホ山という丘がある。**気持ちのいい場所で寝てばかりいると、バカかアホになるという意味が込められた通称。

□**京都市左京区には、「田中春菜《たなかはるな》町」がある。**その近くには、田中北春菜町、田中西春菜町、田中東春菜町もある。

□**宮城県気仙沼市本吉町には、「津谷桜子」という女性の名前のような地名がある。**「つやさくらご」と読む。

□鉄道なのに「国道《こくどう》」という名の駅がある。JR鶴見線の「国道駅」で、第一京浜国道（国道15号）と鶴見線の交点にあることから、この名になった。

□山手線の駅のうち、標高が最も高いのは、新宿駅（標高37メートル）。最も低いのは品川駅（標高3メートル）。山手線を走る電車は、一周する間に、それだけの高低差を昇り降りしている。

□東京には、一から十まで、漢数字がつく地名がそろっている。一ツ橋、二子玉川、三宿、四ツ木、五反田、六本木、七国、八王子、九段、十条など。

□北海道には、日本最多の129の町があるが、「まち」と読むのは「森町《もりまち》」だけ。残りは「ちょう」と読む。

□**〝頭髪関係〟の駅名としては、北海道の「増毛駅」（２０１６年に廃駅）が有名だが、神奈川県には「かみおおい駅」（ＪＲ東海御殿場線の「上大井駅」）がある。**

□**高知県四万十市には、半家《はげ》駅がある。**この半家という地名は、平家の落人が平家の「平」の横線を一本下に下げ、「半」にしたという説がある。

□**静岡県には「月　３キロ」という看板がかかっている。**「月」という地名があるためで、東京・名古屋からなら、日帰りでも〝月旅行〟に行ける。

□**北海道北部の音威子府《おといねっぷ》町には、「オカネナイ川」が流れている。**アイヌ語で「ハンの木が生えている川」という意味。一方、その南の滝川市内には「オサツナイ川」が流れている。こちらは「乾いた川」という意味。

□**航空自衛隊の新田原基地（宮崎県）は、「にゅうたばるきち」と読む。**これは、「新」を「new」と読んだわけではなく、新を「にい」と読むことの転訛とみられる。

□**静岡県菊川市には、「金玉落としの谷」がある。**かつて、この地をおさめていた横地氏は、家来の訓練のため、金の玉を谷に落とし、家来たちは一斉に谷を駆け下りて玉を探し、鍛練につとめたと伝えられる。

□**青森県つがる市には、「大田光《おおたっぴ》」という地名がある。**なお、「爆笑問題」のボケ役は「太田光《おおたひかり》」。

□**札幌は、北極点までは5216キロ、赤道までは4759キロの地点であり、赤道のほうにやや近い。**

◉歴史の話題

清少納言の離婚理由は？

『枕草子』の作者、清少納言は、歌人・清原元輔の娘として生まれた。女房名「清少納言」の「清」は、姓の「清原」からとっている。

彼女は16歳で陸奥守・橘則光と結婚、1子をもうけるが、10年ほどで離婚する。その後、中宮定子の女房として仕えるようになって頭角を現す。利口ぶるところがあったのは、ご存じのとおりだ。

橘則光との結婚がうまくいかなかったのも、そのあたりに理由があったようだ。則光は無骨を絵に描いたような男で、歌を詠む人は「仇敵」というぐらいだった。なにかといえば教養をひけらかす妻とは、相性がよくなかったに違いない。

江戸の庶民はどうやって寝ていたのか？

江戸時代、貧乏長屋の住人は、敷き布団

は使っていたものの、掛け布団は今のような形ではなく、「夜着」と呼ばれた綿入れを使っていた。夜着は襟と袖がついていて、着物よりも一回り大きいドテラのようなもの。

一方、夏場は、夜着を小ぶりにした掻巻《かいまき》を掛け、敷き布団の上には「寝ござ」を敷いた。シーツ（敷布）を使うようになったのは、明治時代以降のことである。

武士が食べなかった3種類の魚とは？

武士は、魚のうち、フグ、コノシロ、マグロは食べなかった。

まず、フグは内臓などに毒を持つ魚。武士が食べなかった理由も、中毒死を避けるためだ。

ただし、命を落とすこと自体を恐れたわけではなく、いざというときには主君のために戦場で散らす命をフグに当たって落とすなど、不名誉なこととされていたので、食べなかった。

コノシロが嫌われたのは、縁起かつぎから。コノシロを食うことが、「この城を食う」に通じるとして嫌われたのである。マグロを食べなかったのも、縁起かつぎ。マグロが別名「シビ」と呼ばれ、それが「死日」につながると忌まれたのである。

北条氏が将軍になれなかったのは？

源頼朝の死後、ほどなくして鎌倉幕府の

実権は北条氏に移る。その後、北条一族で執権職を世襲するようになり、北条氏は反抗的な将軍は追放して、自らに都合のいい者にすげ替えた。それなら、いっそ北条氏自らが将軍になってしまえばいいものを、なぜ執権の地位に留まり続けたのだろうか？

北条氏の「条」は、もともと郡や郷よりも、さらに小さな地域を表す単位。その名からも明らかなように、北条氏は伊豆の小豪族に過ぎなかった。

そうした身分を心得ていた北条氏は、将軍に皇室から宗尊親王を迎えるなど、世間に対しては家柄重視で将軍を立てながら、実権を握るという二重構造で、権力を維持し続けたのだ。

アメリカ大統領と太平洋戦争の法則とは？

戦後のアメリカの大統領経験者は、第2次世界大戦時、ヨーロッパ戦線ではなく、太平洋で日本軍と戦った元軍人・兵士が大半を占めている。

まず、アイゼンアワーはヨーロッパ戦線の連合軍司令官だったが、続くケネディは海軍のパトロール魚雷艇艦長、ジョンソンは海軍少佐として従軍、ニクソンは士官として南太平洋に派遣された。フォードは軽空母に乗り、太平洋の作戦に参加。ブッシュ父は海軍のパイロットとして、太平洋で戦った。

なお、ブッシュ父までの大統領のうち、

例外は二人で、カーターは第2次世界大戦では戦った経験がなく、戦後、海軍兵学校に入学。レーガンは、陸軍の映画部隊に所属していた。

ライト兄弟は、何人兄弟？

ライト兄弟は7人兄弟。そのうち、二人は幼児期に亡くなり、成人したのは5人（4男1女）。いわゆる「ライト兄弟」の、ウィルバーは3男で、オーヴィルは4男。ほかに兄が二人、妹が一人いた。

第一次世界大戦は、11月11日午前11時に休戦した⁉

第一次世界大戦は、1918年の11月11日午前11時（パリ時間）をもって休戦した。連合国とドイツの休戦協定がこの日の午前5時に同意され、その6時間後に発効したもので、ゾロ目であることに意味はない。

停戦期間は当初1カ月間とされたが、結局、ヴェルサイユ条約が結ばれるまで延長され続け、事実上、この日をもって第一次世界大戦は終了した。

そのため、11月11日は日本ではあまり意識されない日付だが、国際的には多くの国々で休日や記念日になっている。

イギリスのオックスフォード大学はいつできた？

イギリスのオックスフォード大学が設立

されたのは、日本の平安時代。藤原氏が権勢をほこった時代のことだ。

正式な創立年は1167年とされるが、1096年にはすでに講義が行われていたという記録が残る。

女性で初めてノーベル平和賞を受賞したのは？

ベルタ・フォン・ズットナーは、ノーベルの秘書を辞めた後、作家に転身、平和活動を展開した。そもそも、彼女はノーベルに平和の大切さを訴え、平和賞の設立に影響を与えたとみられている。なお、ノーベルは彼女に「理想の恋人」をみたが、ベルタには他に婚約者がいて、ノーベルはふられている。

聖書には、「犬」「猫」という単語が何回登場する？

聖書には、「犬」という単語が54回（旧約聖書45回、新約聖書9回）も登場するが、「猫」は1回（旧約聖書）しか出てこない。猫がほとんど登場しないのは、当時、猫が、ユダヤ民族と敵対していたエジプトを代表する動物だったからという見方がある。

アインシュタインの謎につつまれた最後の言葉は？

アメリカの病院で、息を引き取る間際、アインシュタインは何かをつぶやいたとされる。

しかし、ドイツ語だったため、傍にいた看護婦が理解できなかった。いまにいたるまで、その内容は伝わっていない。

ヒトラーは、ノーベル平和賞にノミネートされていた⁉

１９３９年、スウェーデンのエリック・ブラントという国会議員がアドルフ・ヒトラーをノーベル平和賞に推薦した。

ブラントは反ファシズムの政治家であり、皮肉を込めたものだったと伝えられる。

オリンピックは過去に何回中止になっている？

１９４０年の東京五輪が中止になったことが有名なので、過去1回と思っている人もいるだろう。ところが、オリンピックはその他にも4回、計5回も中止になっている。

まず、1916年のベルリン五輪が第一次世界大戦のために中止になり、1940年の東京五輪と札幌冬季五輪が日中戦争のために中止、そして1944年のロンドン五輪とコルティナダンペッツォ冬季五輪が第二次世界大戦のために中止になっている。

サグラダファミリア教会は、建設許可をとっていたの？

サグラダファミリア教会は、バルセロナ市の建設許可を得ないまま、一世紀以上も工事が続けられていた。同教会のスポークスマンによると、アントニオ・ガウディは1885年、当時その地にあったサン・マルティ市から建設許可証を得たが、1897年に同市がバルセロナ市に併合された際、規制に合わないなどの事情があったという。

◆まだまだ続く！　歴史の話題

□**古代ギリシャの都市スパルタには、1万の市民（参政権あり）、2万人の劣格市民（参政権なし）と、5万〜10万人の奴隷（おもに先住民）がいたとみられる。**

□**インカ帝国の初代皇帝は、マンコ・カパック。そして、スペインの傀儡と化した15代皇帝は、マンコ・インカ・ユパンキ（マンコ・カパック2世）。**

□**古代ローマには、「ヌメリアヌス」という名の皇帝がいた。**在位は、国力の衰えが目立ちはじめた283年12月からの一年弱。謀殺されたとみられている。

□**野口英世は、好意を抱いた女性に頭蓋骨をプレゼントしたことがある。**相手は、看護婦をしながら女医をめざしていた山内ヨネ子という女性。むろん、どん引きされた。

□**千利休の本名は、田中与四郎。**

□**赤穂浪士の討ち入りは、「生類憐れみの令」の真っ最中に行われた。**

□**世界初の「地震学会」が設けられたのは、日本。**明治維新まもない頃のこと。同年2月発生の横浜地震をきっかけに誕生した。

□**1200年前から、女性皇族の名前には、全員「子」がつく。嵯峨天皇が12人の内親王全員の名に「子」をつけたのが始まりとみられる。**近年も、民間から皇室に入られた方々を含め、女性皇族の名には、すべて「子」がつく。

□**隠れキリシタンを見つけるため、「踏み絵」を踏ませる行為は、本来は「絵踏《えぶみ》」と呼ばれる。**現在の歴史教科書では、道具としての「踏み絵」と、行為としての「絵踏」を区別するようになっている。

□**金閣寺に使われている金箔は、金箔としてはひじょうに分厚い。**一般に、金箔の厚みは0・1ミクロン（1万分の1ミリ）ほどだが、金閣寺に貼られている金箔は、その5倍もの厚みがある。

□**三蔵法師とは、仏典（三蔵）に精通した高僧のこと。**転じて、インドの経典を漢訳した僧侶の尊称。つまり、三蔵法師とは一般名詞であり、歴史上150人くらいいる。『西遊記』で、孫悟空らと天竺を目指した玄奘《げんじょう》三蔵は、そのうちの一人。

□**夏目漱石の脳は、エタノール漬けにされて、東京大学医学部の標本室に保管されている。**同標本室は、他に横山大観、斉藤茂吉、内村鑑三らの脳を保管している。

□**太平洋戦争中の1944と45年、フィリピン沖や沖縄で、コブラ台風、ルイーズ台風と呼ばれる大型台風が吹き荒れた。**米海軍の艦船は大打撃を受けたが、日本にとって昭和の「神風」となるには至らなかった。

□**ヨーロッパの貴婦人が、片足を後ろに引き、スカートを持ち上げながらする挨拶は「カーテシー」（curtsy）という。**今では、もっぱらフィギュアスケートでおなじみの挨拶法。

□**ペリーの黒船が黒かったのは、船体にコールタールを塗っていたから。**木造船であったため、防水・防腐のために塗る必要があったのだ。

□**1917年にロシアで勃発した10月革命は、実は、11月（グレゴリオ暦）に起きている。**

「10月革命」と呼ばれるのは、当時ロシアで使われていたユリウス暦では10月25日に当たったから。

5

「理系」の話題

◉科学の話題

もし宇宙人からのメッセージを受け取ったら？

国際天文学連合は、次のようにガイドラインを定めている。

「発見者は信頼しうる証拠と判明するまでは公開してはならず、関連する国家の機関に通報する」――つまり、個人は、勝手に公表したり、宇宙人に返信したりせずに、まずは各国の天文機関に連絡せよ、ということ。日本の場合は、国立天文台に連絡することになる。

太陽系でいちばん高い山は？

火星にあるオリンポス山。高さは、推定2万1900メートルで、エベレストの約2・5倍近い高さがある。ただし、その裾野は550キロにも広がっているので、傾斜はほとんどなく、台地のような形の山だ。

なお、近年の観測で、太陽系内の小惑星

ベスタ（直径500キロ前後）にも、オリンポス山と同等の高さの山があることがわかってきている。

宇宙空間でのセックスは可能か？

宇宙、つまり無重力空間でのセックスは、難しい。まず、無重力空間では血圧が低くなるので、男性の勃起力が落ちる。かりに勃起したとしても、体位の問題が残っている。ある研究によると、無重力空間では、20種類の体位のうち、4種類の体位はなんとか可能で、6種類の体位は補助装備をつけることで可能になるという。なお、正常位は不可能だという。

また、無重力空間では、女性の愛液や射精後の精液が膣外に漏れ出すことがありうる。無重力空間では、水分はひじょうに厄介な存在であり、小さな水滴になって宇宙船内を浮遊しはじめる。その回収はむずかしく、愛液や精液が精密機器の中にはいってしまえば、機器がダウンしかねない。宇宙船内でのセックスは、航行の障害にもなりかねないのだ。

記録上、沖縄本島に台風が「上陸」したことはない!?

気象庁の定義によると、台風の「上陸」とは、「北海道、本州、四国、九州の海岸に達する」こと。

だから、沖縄本島や小笠原諸島を直撃しても、「上陸」したことにはならない。台風の「通過」と表現される。

天気図で高気圧を青、低気圧を赤で表すのは？

気象庁には「天気図記入指針」というマニュアルがある。天気図の書き方についての手引き書で、それによると、高気圧は青、低気圧は赤で書くとされている。

そもそも、これは、国連の世界気象機関のルールに従っていて、アメリカや韓国など、多くの国で、色をそう使い分けている。

そうした配色になった理由ははっきりしないが、高気圧を青で書くのは晴れて青空になるから、低気圧は雨が降りやすくなるので、その警戒の意味を込めて赤で書くようになったという説がある。

全国の「平均気温」は、どうやって算出する？

全国の観測ポイントすべての平均値を算出しているわけではなく、網走、根室、山形、石巻、長野、彦根、境、宮崎、石垣島など、17カ所の平均を日本全体の平均気温としている。

その17カ所が地方ばかりで、大都市が含まれていないのは、ヒートアイランド化など、都市化の影響を避けるため。

恐竜の色がわかりはじめているって本当？

かつての雑学本には、「化石からは、恐

竜の色まではわからないので、推定で色付けされている」と書かれていたもの。ところが、今では、化石から古生物の色の再現が可能になりはじめている。

２００６年、化石からメラノソーム（メラニンを含む細胞小器官）が発見され、化石から色を判別する道が開かれた。現在、研究が進展中。

電球の発明者はエジソンではないって本当？

電球の発明者は、エジソンではない。電球の特許を初めて取得したのは、イギリスのジョセフ・スワンで、エジソンはフィラメントの改良に成功したにすぎない。

そのため、エジソンは、単独では電球を売り出すことができず、１８８３年、スワンと共同で、エジソン＆スワン連合電灯会社を設立している。

「ログイン」「ログアウト」という言葉の由来は？

「ログイン」は、コンピュータの接続を開始するという意味。「ログアウト」は、コンピュータの接続を終了するという意味。これらの「ログ」はログハウスと同様、「材木片」という意味だが、それがコンピュータとどう関係するのだろうか？

話は、18世紀にさかのぼる。当時、船の速度を測るときは、ロープに10メートル間隔程度で結び目（ノット）をつけ、先端に丸太（ログ）を結んだものを海に投げ込んでいた。たとえば、1分間に結び目が10個出たとすると、「10m×10個×60分」で時速6キロ。それを海里（1852m）で割り、船の速度は「3・24ノット」と計算した。

その際、ロープにつけた丸太を海に投げ入れることを「ログイン」と呼んだ。この言葉が、コンピュータの「接続開始」という意味で使われ、反対に接続を切ることを「ログアウト」と呼ぶようになったのである。

窒素が爆弾によく使われるのは？

TNT爆弾など、多くの爆薬に窒素化合物が使われている。窒素化合物が爆弾に使われるのは、その爆発力の大きさを評価されてのことだ。

窒素は安定した元素であり、他の元素とは簡単には結合しない。窒素化合物をつくるには、巨大なエネルギーを必要とするし、窒素化合物が分離し、窒素分子に戻るときには、巨大なエネルギーを放出する。つまり、窒素系の爆薬が炸裂すると、窒素化合物が分離し、窒素分子に戻るとき、巨大なエネルギーを放出し、破壊を伴うことになるのだ。その性質が注目され、爆弾によく使われるようになった。

ドライアイスの白い煙は二酸化炭素ではない!?

ドライアイスは、二酸化炭素を凍らせた

もの。

そのドライアイスを常温に戻すと、液体を経ることなく気体となり、白い煙がもくもくと湧き立つ。ただし、あの煙は二酸化炭素が気体化したものではない。二酸化炭素の気体は無色であり、色はついていないのだ。

では、あの白い煙は何かというと、水滴である。ドライアイスが溶けるとき、空気中の水分が冷やされて、水滴となる。その小さな水滴が集まって白っぽい煙に見えるのだ。

エアコンは、どうして別配線なの？

エアコン用の電気は、通常のコンセントからはとれない。電気店による工事が必要で、エアコンだけの別配線となる。

なぜ、エアコンだけは特別扱いなのだろうか？

第1の理由は、エアコンがそれだけ多くの電力を必要とすること。他の電化製品と配線を一緒にすると、エアコンのスイッチをいれるたびに、ブレーカーが落ちてしまうことになりかねない。また、蛍光灯がチラチラしたりするということになりやすいので、エアコンだけ別配線にしてあるのだ。

また、エアコンは長時間使うため、コードから高い熱が出やすい。エアコンのコードが、他の家電製品に比べて太くなっているのはそのためだ。

南極では、吐く息が白くならないのは？

寒い時期は、息を吐くと白く見えるものだが、極寒の地、南極では息が白くならない。なぜだろうか？

それは、南極の空気がひじょうにきれいだから。吐いた息は、チリやホコリを核にして水滴となり、それが白く見えるのだが、南極の空気中にはチリやホコリがほとんど浮遊していない。そのため、呼気が白く見えることもないのだ。

ニトログリセリンが妙に甘いのは？

ニトログリセリンも、それを原料にしたダイナマイトも、なめると甘い。

ニトログリセリンは、グリセリンの化合物だが、グリセリンは糖と似た構造をもち、甘味料にも使われている物質。そのため、爆発物には、妙に甘いものが多いのだ。

海水はアルカリ性か？酸性か？

世界の海水は、pH８・１（平均）の弱アルカリ性。ただし、近年は温室効果の影響で、海水に溶け込むCO_2の量が増え、「海の酸性化」が進んでいる。専門家の予測では、21世紀末にはpH７・７〜７・９にまで、酸性化が進むと見られている。

◆まだまだ続く！　科学の話題

□**アルコール消毒水は、濃度100％よりも、60〜90％のほうが殺菌力が強いことが、実験でわかっている。**濃度90％以上は、かえって殺菌作用が落ちるのだ。

□**6月24日は、世界的な「UFOの日」。**1947年のこの日、アメリカでUFOが目撃されたことから。この日、世界中のUFOマニアが一斉に観測を行う。

□**レアアース（希土類）は、その名からして希少な物質に思えるが、ライターの発火石にも使われている。**発火石は、複数のレアアースを使ったミッシュメタル製。レアアースにも、さほどレアではない物質があるというわけ。

□**織姫（ベガ）と彦星（アルタイル）は、15光年離れている。**つまり、光速で移動しても、一年に一度会うのは無理。

□**「シクロアワオドリン」という有機化合物がある。**「阿波踊り」からのネーミング。合成に成功したのは、徳島文理大学の研究チーム。

□**鉄が酸化しても酸化鉄にしかならないが、アルミニウムが酸化すると、ルビー、サファイアになることもある。**これらの宝石は、酸化アルミニウムの結晶（コランダム）。

□**「巨人の星」は実在しないが、「東京ジャイアンツ」という小惑星は実在する。**小惑星は発見者に命名権が与えられ、「阪神タイガース」、「カープ」という小惑星もある。

□ **FMラジオを聴くほうが、AMを聴くよりも電力を消費する。** ラジオの説明書には、電池がもつ時間の長さが載っているものだが、それには「FM受信21時間、AM受信28時間」などとなっているはず。

□ **3桁の数を二つ並べた6桁の数は、すべて7、11、13で割り切れる。** たとえば、523523や999999は、7、11、13で割り切れる。

□ **「ロンズデーライト」という天然鉱物（炭素の同位体）は、ダイヤモンドよりも硬い。** ただし、発見されるのは、隕石内部からで、ごく微量。隕石が地球に衝突する際の巨大な熱と圧力によって組成されるとみられる。

□ **「午年」は、なぜか台風の上陸数が増える。** 過去平均は年間2・7個なのだが、午年は平均4・6個も上陸している。1700人余りの死者・行方不明者を出した洞爺丸台風も、午年（1954年）に襲来した。

□**単位に使われるテラ（1兆）は、ギリシャ語で「化け物」という意味。**

□**1から6までを足すと21、1から666までを足すと222111。**

□**円周率には、0がなかなか現れない。**小数点以下32位が最初。それまでには、3が最初の3を含めて、7回も登場する。

□**約3年2か月で、1億秒。**80年の人生は25億秒余り。

□**華氏マイナス40℃＝摂氏マイナス40度。**華氏と摂氏で、唯一同じ数字で同じ温度になる。

□**蝋燭《ろうそく》は、熱せられた蝋が液体化し、さらに気化して、その気体となったものが燃えている。**だから、蝋燭本体までボッと燃え上がるようなことがないわけ。

□**メスシリンダーの「メス」はドイツ語の「messen」（測るという意）に由来し、雌とは関係ない。**メスフラスコ、メスピペットも、体積を測る道具。

□**水銀の中に鉄球を放り込むと、浮き上がる。**水銀が、比重13・6とひじょうに重い物質であるため。なお、鉄の比重は7・85。

□**宇宙で最も大きい星は、現在、確認されているところでは、たて座ＵＹ星。**その直径は、太陽の１７００倍。体積は、太陽の50億倍。

◉人体の話題

人間の骨で いちばん折れやすいのは？

鎖骨は筋肉や脂肪に守られていないうえ、骨が細いため折れやすい。

そのため、剣道の試合ではよく折れるし、空手には「鎖骨打ち」という、鎖骨周辺の肉の少ない部分を狙って打つ技があるくらい。

献血がいつも 呼びかけられているのは？

血小板製剤の有効期間がひじょうに短いため。有効なのは、採血後わずか4日間で、検査などに必要な時間をさしひくと、実質的に使えるのは3日間ほどなのだ。

そのため、日々献血を呼びかけて、確保しなければならないというわけ。

眼鏡をはずしたとき、女性が妙にきれいに見えるのは？

これは、目が大きく見えるため。近視の眼鏡には凹レンズが使われているので、眼鏡をかけているときは、目が若干小さく見えている。眼鏡をはずすと、目が一瞬大きく見え、顔の印象が変わって、おおむねの女性はより美しく見えることになる。

火葬場で拾う〝喉仏〟は喉仏ではないって本当？

本当の話。本物の喉仏（甲状軟骨）は、軟骨なので、火葬すると燃えてしまう。そこで、火葬場では、首の上から数えて二番目の骨を〝喉仏〟として拾骨《しゅうこつ》している。

小指を詰めると、握力はどうなる？

小指を詰めると、握力は半分程度にまで低下する。そもそも、小指を落とすことには、ドスを使いにくくするという意味がある。剣道でも、竹刀は小指をしっかりかけ、中指と人指し指は添えるだけと教えられるもの。

小指は、モノを握るという動作では、いちばん下にくる分、要となる指なのだ。

タオルを頭にのせることの効用とは？

温泉や銭湯で湯船につかるときは、濡れタオルを頭にのせるもの。そうする理由は、「置き場に困ったから」という人が多いことだろう。

ところが、タオルを頭にのせることには、健康上、大きなメリットがある。のぼせを防ぐことができるのだ。頭にのせるまえ、タオルを水につけて冷やしておくと、首から上に血が集まるのを防止できるのだ。

だから、頭にのせるタオルは、小さくきれいに折り畳むのではなく、ざっくり4つ折りにして頭にのせるくらいのほうがいい。表面積の広いほうが、のぼせを防ぐ効果は高くなる。

北に住む人のヒゲがやわらかそうなのは？

南国に住む人の顔には硬めのヒゲが生え、北国の人の顔にはやわらかめのヒゲが生える。

北欧などの極寒の地では、ヒゲが硬いと、呼気などの影響で凍りついたとき、肌を傷つけ、凍傷のリスクが高まる。そこで、やわらかいヒゲが生えるように進化したとみられる。

思春期の娘が、父親を「臭い！」と嫌うのは？

近親交配を避けるためという説が有力。生理が始まり、妊娠能力を身につけた娘は、本能的に近親交配を避けるため、父を避けるというわけである。

DNAに、そうプログラミングされているという見方もある。

全身麻酔で眠るとき、夢を見ないのは本当？

全身麻酔なら夢を見ないとはいいきれない。専門家には「あらゆる痛覚を遮断するほど、脳を深く眠らせるのだから、夢を見るわけがない」という人が多いのだが、かけられた人からは、「嫌な夢を見た」「麻酔がとけかかる頃に夢を見た」などの経験談が報告されている。

すべての動物で人間が最もすぐれている運動能力は？

ものを投げる力。ゴリラやチンパンジーなどの霊長類は、糞などを投げることがあるが、簡単によけられるスピードだし、コントロールも悪い。

100キロ以上のスピードで、狙ったところにモノを投げられる動物は、人間以外にはいない。まして、160キロなど。

熱帯の住民は、汗の出すぎで塩分不足にならないか？

汗は、薄い食塩水のようなもの。だから、汗をかけば体内の塩分が失われていく。温帯に住む日本人でも、1日に400〜500ccの汗をかくのだから、熱帯の人々は汗のかきすぎで、塩分不足にならないのだろうか？

人間の体はうまくできていて、熱帯に住む人の場合、汗に含まれる塩分の量が少なくなっている。失われる塩分の量が多くなりすぎないように調節されているのだ。

日本人でも、冬よりは夏のほうが、汗に含まれる塩分の量は少なくなる。なめてみるとわかるが、冬の汗のほうが、夏の汗よりも塩辛いはずだ。

お風呂で、指先だけがふやけるのは？

長風呂をすると、指先がふやけてシワシワになるもの。体のなかでなぜ指先だけふやけるのだろうか？

その理由は2つある。ひとつは、指先は角質層の層の数が多いこと。体の大半の部分は5〜8層にすぎないが、指先は40層もある。その角質層が多いほど、スポンジのように水分を吸収しやすくなるのだ。

もうひとつの理由は、指や足裏には皮質腺がないこと。脂分を分泌しないので、水をはじくことができず、水分を吸収しやすいというわけだ。

なぜ「ニンニクは入っていないのにニンニク注射」？

疲労回復に効果があるといわれる「ニンニク注射」。といっても、すり下ろしたニンニクを注射しているわけでも、ニンニクエキスを注射しているわけでもない。主成分はビタミンB群やグリコーゲンなどであり、ニンニクは使われていない。

「ニンニク注射」と呼ばれるのは、点滴中、微妙なニンニク臭がするから。ビタミンB$_1$を構成する硫化アリルが含まれ、その硫黄のせいでニンニク臭がするところから、「ニンニク注射」と名づけられた。

雨の日に、お酒が回りやすくなるのは？

たしかに、雨の日は、晴れの日よりも、

お酒が回りやすくなる。それには気圧が関係している。

雨の日は気圧が低めになるが、すると血管が拡張し、アルコールを吸収しやすくなり、ふだんより、酒に酔いやすくなるというわけ。

飛行機内で酒を飲むと、地上よりも酔いやすくなるのと同じ原理だ。

台湾式足裏マッサージを考案したのは、いったい誰？

台湾式足裏マッサージを考案したのは、スイス人の宣教師。

１９７０年、ジョセフ・オイグスターという宣教師が、布教のため、台湾へやってきた。彼は数年後、持病のリウマチを悪化させ、自己流の足裏マッサージを続けていたところ、症状が好転した。

彼は、その方法を発表、いろいろな人に教えた。

その後、宣教師に教えられた人たちが、台湾や日本で足裏マッサージの店を開業。現在では、数えきれないほどの店舗が、「台湾式」の看板を掲げて営業している。

クロロホルムで、本当にすぐに気絶するのか？

ドラマでは、クロロホルムをしみこませたハンカチを口や鼻に押し当てられた人は、バタンキューと気絶するのが、お約束。ところが、現実にはそんなことは起きない。

大量にしみこませた布を口に当て、5分くらいは深呼吸しつづけないと、気絶しないというのが、専門家の見方だ。

なお、クロロホルムは、かつては静脈注射による麻酔薬として使われていたが、その後、危険性があることがわかり、現在では麻酔薬としては使われていない。

ショック死を簡単に説明すると？

ショック死は、ショックを受けて死ぬことだけでなく、急激な経過で死ぬ現象すべてを指す。

具体的には、血圧が急低下し、循環を保てなくなり、心臓が止まること。びっくりして心臓が止まることはありうるが、それはショック死全体のごく一部の現象。

目の前がチカチカするのはなぜ?

目の前がチカチカしてよく見えないのは、専門的には「閃輝暗点」という。一方、目を閉じて眼球を圧迫したときなどに見える光は、「眼内閃光」という。

これは、光ではなく、物理的な刺激に網膜が反応し、光を知覚したような感覚が生じる現象だ。さらに、立ちくらみは医学的には「眼前暗黒感」という。

なぜ人は、明るい方へ足が向かうの?

人が照明の明るい方向に誘導される傾向を「サバンナ効果」という。人は、薄暗い森から、しぜんに明るい草原のほうへ歩みだす、というわけだ。

スーパーマーケットなどの大型店では、この効果を利用し、店奥側の照明をより明るくしてお客を誘導、客動線をより長くし、売上げアップを図ろうとしている。

◆まだまだ続く！　人体の話題

□**人は、生涯に地球1周以上は歩く。**　1日2キロ歩くと、50年間でほぼ一周。

□**「ビブリオミミカス」という名の細菌がある。**　食中毒の原因になり、下痢、発熱、嘔吐、脱水症などを引き起こす。むろん、耳カスとは関係ない。

□**「ダイエット」の本来の意味は、食事療法。**　だから、言葉本来の意味からすると、運動して痩せることは、ダイエットのうちに入らない。

□**鼻をつまむと、鼻歌がまったく歌えなくなる。**

□**日本人男性の場合、185センチ以上の人の割合は、全体の0・9％。**190センチ以上の人は0・06％。

□**キスマークの正式名称は「吸引性皮下出血」。**強く吸うと、皮下の血管が破裂して内出血し、アザができる。なお、キスマークは和製英語で、英語ではhickey（ヒッキー）という。

□**赤ん坊は膝のお皿（膝蓋骨）がない。**2〜6歳でじょじょに骨化する。

□**人間の足の骨は、両足で56個。**全身で208個だから、27％は足が占めていることになる。「二足歩行」という複雑な動きを実現するためには、それだけの〝部品〟が必要というわけ。

□英語で、結核のことをtuberculosisという。長い単語だが、「つば九郎死す」と覚えると忘れない。なお、「ツベルクリン反応」も、この語に由来する。

□ビジネスクラスに乗っても、エコノミー症候群になるときはなる。

□ニコチンガムは、スウェーデン海軍の潜水艦乗組員のために開発された。1967年のことで、当時はまだ潜水艦乗りにも愛煙家が多かった。

□音痴は、医学的には「先天的音楽機能不全」と呼ばれる。

□膀胱《ぼうこう》は空に近いときは、壁の厚さが1・5センチもあるが、尿でいっぱいになると、厚さ3ミリ程度になる。

□**人は、1日に約15000回まばたきをする。**一回当たり0・1〜0・15秒を要するので、人は1日に25分から40分弱程度は、まばたきによって目をつむっていることになる。

□**手足にできる「まめ」の正体は、医学的には「圧迫腫」と呼ばれる。**手足が長時間圧迫されると、表皮と真皮の間にリンパ液がたまり、水ぶくれができる。それが、まめの正体。

□**眠いときには、靴を脱ぐと、多少は眠気がやわらぐ。**血行がよくなるため。足は「第2の心臓」と呼ばれるほど、血行に関しては重要な部位。

□**尿と唾液の分泌量は実はほぼ同量。**健康な成人の場合、唾液は一日1〜1・5リットル、尿は1〜2リットル程度。

□**膝の裏側のくぼんだ部分の名前を「ひかがみ」という。**医学用語では「膝窩《しっか》」と呼び、「窩」にはくぼみという意味がある。

□**ボツリヌス菌の「ボツリヌス」はラテン語のBotulinumに由来し、ソーセージという意味。**ヨーロッパでは、過去にソーセージを食べて、食中毒症状をおこした人が多かったことから。

□**マラリアは、イタリア語のmal（悪い）とaria（空気）の合成語で、「悪い空気」という意味。**昔は、どぶ川の臭いやゴミなどの悪臭が病因と関係しているとみられたところから。

Column

この「会話のタネ」に気をつけろ②

□唐代の詩人、杜甫の死因は「もらいものの牛肉を食べすぎたため」という話が伝わっているが、これは後世の創作の可能性が高く、本当の死因は不明。

□味噌ラーメンを考案したのは、札幌の「味の三平」の店主だった大宮守人氏。その発祥をめぐり、お客の一人から「豚汁にラーメンを入れてほしい」といわれ、それをヒントに考案したという話が伝えられてきた。ところが、この話はガセ。二代目店主がホームページで、守人氏が「俺が考えたのに、なんでこんな話になるんだ？」と首をかしげていたというエピソードを明かしている。

□バストのカップは、「Bはbeautiful、Cはcute、Dはdeluxe、Eはexcellentの略」という説がある。むろん、ガセなのだが、よくはできている。

6

「ことば」の話題

◉日本語の話題

「鬼の居ぬ間に洗濯」で、洗ったものとは？

「鬼の居ぬ間に洗濯」という言葉があるが、この〝洗濯〟では、どんなものを洗ったのだろうか？

この洗濯は、衣服を洗うことではなく、「命の洗濯」をするという比喩表現。そこから、日頃の苦労や束縛から解放されて、気晴らしを楽しむという意味の言葉になった。

『源氏物語』で、最も多く使われている言葉は？

『源氏物語』を〝計量的〟に分析したところ、総語数約38万語のうち、最も多くの回数使われていた言葉は、副詞の「いと」であることがわかった。４２２５回も登場し、それは総語数の約２％に相当するという。

「いと」は「きわめて」「はなはだ」という意味だから、雅《みや》びな『源氏物語』は意外なほど、強調表現に溢れているというわけ。

ごぼうの花言葉は?

かつて、モリマンと〝ごぼうしばき合い〟対決をした月亭方正（山崎方正）は、落語のまくらで、ごぼうの花言葉は「いじめないで」という話をくすぐりに使っている。

これは、本当の話で、ごぼうの花言葉は「いじめないで」や「私にさわらないで」など。そんな言葉が選ばれたのは、ごぼうの花が、トゲがあるアザミに似ていることからの連想とみられる。アザミの花言葉は「触れないで」のほか、「報復」「厳格」「独立」など。こちらも、落語のまくらに使えそうな言葉が並んでいる。

「!」と「?」を業界では、どう呼んでいる?

印刷業界では、「!」（感嘆符）のことを「雨垂れ」（「しずく」とも）、「?」（疑問符）のことを「耳垂れ」（あるいは「耳」）と呼ぶことがある。ワープロソフトによっては、「耳垂れ」と打って変換すると「?」が出るはずだ。

なお、「!!」は「二つ雨だれ」、「??」は「二つ耳垂れ」、「?!」「!?」を「ダブル垂れ」（あるいは「雨だれ」）と呼ぶこともある。

「腹黒い」という言葉と、魚のサヨリの関係とは？

サヨリは、ダツ目サヨリ科の魚。「腹黒い」という言葉は、このサヨリに由来するという説がある。

サヨリは、体表面が銀色に輝く魚だが、腹の内側は黒い薄膜で覆われている。その姿から、「腹黒い」というたとえが生まれたという。その一方、先に「腹黒い」という言葉があり、サヨリの話は後からのこじつけという説もある。

「油を売る」ときの油の種類は？

この言葉が生まれたのは、江戸時代。むろん、当時、ガソリンがあったはずもなく、この油は、整髪用の油のこと。

髪につける油を売る商人が、お客相手に世間話をしながら、油を売ったことから、この言葉が生まれた。油は粘性が高いため、運んできた容器から、お客の入れ物に移しかえるのに時間がかかったのである。

「簿記」という言葉の由来は？

「簿記」は明治時代、複式簿記の導入とともに生まれた言葉。

その由来をめぐっては、「帳簿に記す」ことから「簿記」となったというごく常識的な説と、booking か book keeping（帳簿に記すという意）の音が訛ったという、人に話したくなる説の両説がある。残念ながら、前者の常識的な説が有力。

「ちんたら」の語源は？

「ちんたら、やってんじゃねぇ」などと使う「ちんたら」は、鹿児島弁の「ちんちんたらたら」に由来する。

かつて、鹿児島地方では、カブト釜式蒸留機（別名、チンタラ蒸留機）で、焼酎を蒸留していた。チンチンという音とともに蒸留し、1滴ずつタラタラと液化させる製法であり、そこから、ゆっくりな状態を「ちんたら」というようになった。

明治維新期、薩摩藩出身者が大挙上京し、この言葉を東京、そして全国に広めることになった。

JRが切符を「きっぷ」と表記するのは？

JRでは、切符のことを「乗車券」という。そして、切符は「一時預かり品切符」など、別の意味で使ってきた。

しかし、世間一般では、乗車券のことを切符というので、JRでは「乗車券」のほか、「きっぷ」とひらがなで書いて、乗車券を表すようになった。

「零」はなぜ雨かんむり？

「零」は「れい」と読むのが、もともとの読み方。英語由来の「ゼロ」と読むのは、戦闘機の「零戦」くらいのものだ。ところで、なぜ、数字の「0」を意味する漢字が、雨かんむりなのだろうか？

この「零」という漢字は、「雨」と「令」を組み合わせた文字で、この「令」はお告げという意味。お告げが天から降りることの連想から、まず「小雨」を意味するようになった。

そこから、「少ない」という意味が生じ、やがて「何もないさま」を意味するようになったという説が有力だ。

常用漢字表に「朕」と「璽」が選ばれているのは？

日本国憲法に使われている漢字は、すべて常用漢字に選ばれている。

憲法前文の前の「上諭」という部分に、「朕」と御名御璽の「璽」が使われているので、「朕」と「璽」の2文字も常用漢字表に掲載されている。

「血」と「皿」が似ているのは？

『説文解字』という1世紀頃に書かれた漢字の解説書には、「動物の血を皿に盛って神様に供える」という意味のことが書かれている。

要するに、「血」という漢字は、上部の「ノ」の部分が血を表し、それが「皿」に入っているところを表しているというわけ。

羊水はなぜ「羊」？

古代ギリシャの人々は、羊を皮袋に入れて、神に捧げていた。羊の生贄《いけにえ》をアムノスと呼んだことから、羊を入れる袋と胎内の膜のイメージを重ねて、胎内の膜をアムニオンと呼ぶようになった。

それが、近代のヨーロッパ言語にも生き残り、日本語に伝わって「羊膜」と訳され、その中の水が「羊水」と呼ばれるようになった。

「痔」と「寺」の関係は？

僧侶は、座りっぱなしでお経を唱えるので、痔持ちが多かったから——というのは俗説。

「痔」と関係するのは「峙」という漢字で、「峙」には、じっととどまる、動かないという意味がある。

「じ」が肛門付近にとどまる病気であるというところから、「痔」と書くようになった。

「笑殺」に「殺す」という漢字が出てくるのは？

「笑殺」の意味は、笑って問題にしないこと。

あるいは、おおいに笑うことで「提案を笑殺する」などと使う。

この「殺」は、意味を強める助字で、特

段の意味はない。
笑いを噛み殺すことではないので、注意しよう。

三千世界の「三千」とは？

三千世界は「三千大千世界」の略。須弥《しゅみ》山《せん》を中心とする世界を1000倍し、それをまた1000倍し、さらに1000倍した大きな世界という意。
つまり、この「三千」は、3000ではなく、1000の三乗＝10億を意味する。

「安全第一」というが、では「第二」は？

安全第一の次は、「品質第二、生産第三」と続く。
1903年、USスチールの社長に就任したエルバート・ヘンリー・ゲーターは、「安全第一、品質第二、生産第三」という経営方針を打ち出した。
この方針によって、労災事故が激減したうえ、品質は上向き、同社の利益は急伸した。
その後、この標語と方針は、製造業経営の常識となり、「安全第一」の形で世界に広まることになった。

箪笥を一棹、二棹と数えるのは？

昔の箪笥《たんす》は、棹を通して、かついで運んだことから、一棹、二棹と数えるようになった。

長持、三味線、そして羊羹も一棹、二棹と数える。

なお、竿ではないことに注意。棹は木の棒、竿は竹竿を指し、竹竿ではぽきんと折れそうで、箪笥は運べない。

100歳以上、長生きすれば、どんな祝いがある？

77歳を喜寿、80歳を傘寿、88歳を米寿、99歳を白寿と呼ぶことは、よく知られている。

では100歳以上には、どんな呼び方があるのだろうか？

まず、111歳は「皇寿」。「皇」の字を分解すると、百＋十＋一となるから。

119歳は「頑寿」で、頑の字は「二、八、百、一、八」に分解でき、すべて足すと119歳になるから。

120歳は「昔寿」。「昔」という字を分解すると、廿（二十の別の書き方）と百になるから、だという。

◆まだまだ続く！　日本語の話題

□**「ろりろり」という副詞がある。**その意味は、恐怖や心配で、落ちつかない様子。「ろりめく」という動詞もある。ともに、広辞苑にも載っている言葉。

□**「屹度馬鹿《きっとばか》」という四字熟語がある。**外見は立派だが、内心は愚かなこと。この語も、広辞苑に載っている。

□**「有財餓鬼」という四字熟語がある。**読み方は「うざいがき」。意味は、財産があるのに、まだ物を欲しがる者、つまりは守銭奴のこと。

□**「ばかぼん」という仏教用語がある。**サンスクリット語に漢字を当て、「薄伽梵」あるいは「婆伽梵」と書く。煩悩を超越した徳のある人を指し、如来や釈迦を意味する。

□**「幸せ」をすばやく言うと、早口の「いらっしゃいませ」に聞こえる。**

□**「喉ちんぽ」という言葉がある。**広辞苑には、その意味は「のどちんこに同じ」とある。

□**県道に相当する北海道の道路は、「道道」。**

□**動物を数える数詞には「食べずに残る部位名」が使われるという説がある。**鳥は「羽」、魚は「尾」、牛や豚は「頭」という具合。そして人間は一名、二名と数え、死んで名を残すというわけ。作家の冲方丁《うぶかたとう》氏の発見。

□**「一巻の終わり」という言葉は、時代劇では使えない。**無声映画の弁士の言葉から広まった言葉であり、この巻はフィルムを表すため。

□**時代劇では「牛耳る」も使えない。**「牛耳る」は、明治・大正の旧制高校生らが「牛耳を執る」を略して造った言葉。

□**日本には、「谷谷」（やや、たにや）さんが約30人いる。**過去には、谷谷谷谷（たえかえやつや）という侍がいたという記録も残っている。

□**江戸時代の江戸っ子にとって、「忙しい」は禁句だった。**「忙しい」は「心を亡くす」と書くことから。「お忙しいですか」「忙しそうだね」という尋ね方も失礼とされた。

□**沖縄県の与那国島では、明治時代まで象形文字が使われていた。**「カイダ文字」と呼ばれ、おもに商取引の記録に用いられ、取引品だった作物や家畜、船、家など、そして数字が文字化されていた。

□**登竜門の竜門は、門ではない。**竜門山を切り開いてできた川（急流）の名。

□**沖縄方言には、「ん」で始まる言葉が多数ある。**2001年発行の国立国語研究所の「沖縄語辞典」では、143語が取り上げられているほどだ。ンム（さつまいも）、ンブシー（味噌煮）などが、その代表例。

□**「柔よく剛を制す」という言葉は、「剛よく柔を断つ」と続く。**本来は、合わせて、柔も剛も大事という「柔剛一体」の精神を表す言葉。

□**富山弁で「ちんちんかく」というと、正座するという意味。**そして、「だんこちんこ」は、互い違いにという意。また、愛知県ではひじょうに熱いことを「ちんちん」、鳥取県では親しい友のことをやはり「ちんちん」と呼ぶ。

□**バレンタインデーの2月14日は、ふんどしの日でもある。**2と14で「ふんどし」と読む語呂合わせから。また、「煮干しの日」でもある。2（に）1（棒）4（し）で、「に棒し」という語呂合わせ。

□**早口言葉の「バスガス爆発」は言いにくいが、「バスが巣、爆発」と頭の中で〝漢字変換〟すると、噛まずに言える。**

□**「塩」という漢字が土偏なのは、昔は岩塩が一般的だったから。**

□蛙に「圭」がつくのは「ケーケー」と鳴くから、鴉はガー（牙）と鳴くから、猫はミャオ（苗）と鳴くから、蚊はブーン（文）と飛ぶから――という説がある。

□「収」の書き順の一画目は、左から2本目の縦棒。

□鳥を「とっ」と読ませる言葉は、店名などの造語を除けば、「鳥取」しかない。

□肉の「にく」という読み方は、音読み。訓読みは「しし」。

□秋田弁では、「寝ない」は「ねね」、「寝ないといけない」は「ねねね」、「寝なければならない」は「ねねばね」という。

□**「壬辰《みずのえたつ》」の年の出産が縁起がいいといわれるのは、「壬辰」に女偏をつけると、「妊娠」になるから。**

□**愛媛県や鹿児島県で、黒板消しのことを「ラーフル」というのは、オランダ語で、ぼろきれを意味する単語に由来するとみられる。**黒板消しを「ラーフル」と呼ぶ地域には、かつて蘭学が盛んだった地域という共通点がある。

□**浅草の「雷門」の正式名称は風雷神門《ふうらいじんもん》。**門に向かって、右側に風神、左側に雷神が配されている。昭和35年再建の鉄筋コンクリート製。

□**「奥の手」は左手のこと。**広辞苑には、奥の手を左手とする理由として「左を右より尊んで」とある。

◉外国語・カタカナ語の話題

写真を撮るとき、外国では何という?

写真を撮るとき、日本では「ハイ、チーズ」という。

英語圏は「Say cheese」。他の国では、中国では「茄子」(チェズ)が使われ、「1、2、3、チェズ」のようにいう。

韓国は「キムチ」、フランスでは「キュイキュイ」(小鳥の鳴き声)、ドイツ語は「ケーゼ」(チーズのこと)が使われ、メキシコでは「テキーラ〜」と叫ぶ。

現在、世界にラテン語を話せる人は、何人くらいいる?

現在、ラテン語を公用語としている国は、バチカン市国だけ。そのバチカンでも、日常的にはイタリア語が使われている。

現在、ラテン語を話せる人は、世界で100人以下とみられる。

名言「そこに山があるから」は誤訳って本当？

「そこに山があるから」は、登山家のジョージ・マロリーが残した登山史上に残る名言ということになっている。

彼は、1923年、ニューヨーク・タイムズのインタビューで、「なぜエベレストに登るのか」と問われ、「Because it is there」と答えた。これが、日本語には「そこに山があるから」と訳されたのだが、ここのitがエベレストを指しているのは明らかであり、「そこにエベレストがあるから」というのが正確な訳といえる。しかし、その正確な訳では、登山家精神を表す名言にはならなかっただろう。

外国に日本語を公用語にしている国はあるか？

太平洋に浮かぶ島国パラオの公用語はパラオ語と英語だが、そのアンガウル州は、アンガウル語、英語に加えて、日本語を公用語に指定している。

パラオは、戦前、日本の信託統治領だった島。現在でも、その名残で、日本語が単語としてけっこう生き残っている。たとえば、「カツドウ」は映画のことで、活動写真に由来。「ジャンケンポ」はジャンケン、「トンガン」はカボチャ。これは冬瓜との混同に由来するとみられる。そのほか、ゾウリ、ベントウ、ヤサイ、ベンジョ、ダイジョウブなどの言葉が日常的に使われている。

「レーザー」「レーダー」は、どんな言葉の略語？

レーザー光線、レーザーメスなどの「レーザー」の語源をご存じだろうか？　じつは、次のような長い言葉の略語だ。

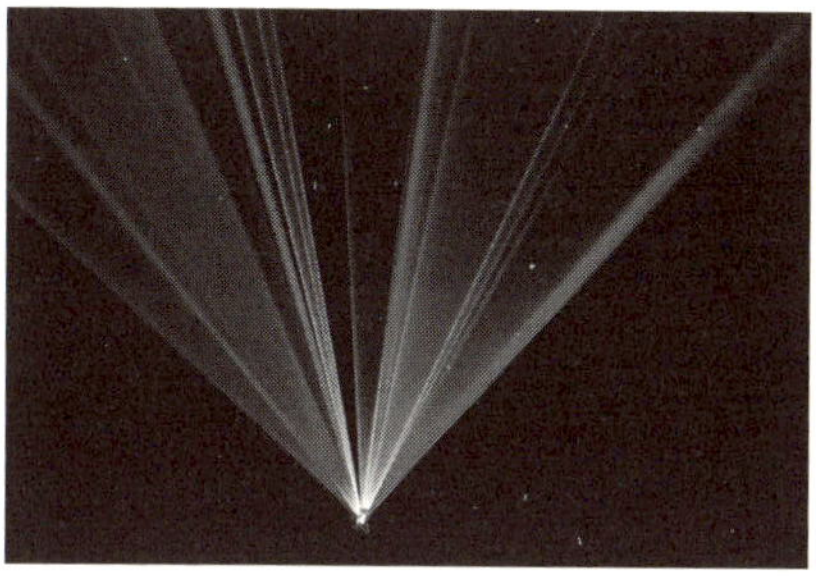

light amplification by stimulated emission of radiation ――で、意味は「誘導放射による光の増幅」。この言葉の各英単語の頭文字を並べて、laser となった。

また、似た言葉のレーダーも略語で、こちらは radio detection and ranging の略。意味は「電波探知測距」。

スワヒリ語になった日本企業の名前とは？

スワヒリ語で「カジーマ」というと、勤勉という意味になる。この「カジーマ」とは、日本の鹿島建設のことだ。

1980〜90年代、鹿島建設はタンザニアでコンテナターミナルなどを建設していた。その際、タンザニアの人々は、日本人社員の勤勉な働きぶりに感心、そうした働きぶりを「カジーマ」と呼ぶようになったのだ。

なお、スワヒリ語では、もともと仕事のことを「カジ」という。この言葉と似ていたことも、「カジーマ」という言葉が広まった背景にあるとみられる。

amazon のロゴの矢印の意味は？

アマゾンという社名は、ネットショップ名がＡＢＣ順に並べられることが多いことから、創業者がまず「Ａ」で始まる単語を辞書からピックアップ。そのなかから、世界最大の川のように、大きなシェアを獲得するという願いを込めて、amazon を選んだ。
その amazon のロゴマークでは、amazon という綴りの下に、矢印が描かれ、a から出て z に届いている。これは、a to z、つまり何から何までそろうという意味を表している。加えて、そのスマイルマークのような矢印のカーブは、顧客の笑顔を表しているという。

「フェンシング」って、もともとどういう意味？

フェンシングは、fencing と綴る。要するに、fence（柵）の派生語であり、柵のように自分の身を守るという意味が込められている。加えて、名誉やルールを守る騎士道精神も表した名といわれる。

「カジノ」って、もともとどういう意味？

カジノは、イタリア語で小さな家を意味するcasa（カーサ）に由来する。

もともと、casaは貴族の別荘を意味し、

貴族がパーティの余興でカードゲームを楽しんだことから、現在の意味に広がった。

「スクール」（学校）の語源は？

古代ギリシャ語のスコレーは「暇」という意味。そこから、富裕層が集まって、芝居などを楽しみ、暇をつぶす場が「スコラ」と呼ばれるようになった。それが、修道院を意味する言葉になり、やがて今でいう学校を指すようになった。

「アボカド」の語源は？

ナワトル語のアーワカトル（金玉という意味）に由来するという説があるが、これ

は、俗説。

もともと、アーワカトルは果実を意味し、後に金玉という意味が隠喩的に加わったとみられる。

アメリカ人に「揚げ豆腐！」はなんと聞こえる？

ネイティブに聞いてもらったところ、以下の4つは、十分〝英語〟に聞こえるという。

「揚げ豆腐！」→I get off（バスなどで降ります）

「夕方滅入る」→You got a mail（メールが届いていています）

「辛いです」→Try this（試してみて）

「湯飲み」→You know me?（私を知ってますか）

一方、「巨乳好き」→Can you ski?（スキー、できますか？）は、いささか無理があるそうである。

「Harlem」と「Harem」は同じハーレムでも違うもの？

トルコなど、イスラム社会の後宮、ハーレムの綴りは「Harem」。一方、ニューヨークの地名は「Harlem」で、綴りが違う。ニューヨークのハーレムは、かつてはオランダ系移民の居住地で、オランダの都市ハールレムにちなんで名付けられたとみられる。

◆まだまだ続く！　外国語・カタカナ語の話題

□**ダンテの『神曲』に「森に住み慣れたインド人をさえ、驚嘆させたであろう」という一節がある。**これが「インド人もびっくり！」という言葉の語源という説もある。

□**racecar（レースカー）は、前から読んでも後ろから読んでも、racecar。**

□**マラカスは複数形で、単体ではマラカという。**

□**中国語の「走」は、歩くという意味。**

□**乗り物のバスは、ドイツ語では「ブス」。**綴りはbusで英語と同じだが、はっきり「ブス」と発音する。

□**インドネシア語では、勉強することを「ブラジャー」（belajar）という。**

□**ピザハットのハットは「Hat」（帽子）ではなく、Hut（小屋）。**エンブレムは、赤い小屋の屋根を模したもの。

□**「ハウンド」は猟犬のこと。**だから、ハウンドドッグは「猟犬犬」といっていることになる。

□**ベトナム語では、鳩のことをチンポコという。**「チンポウカウ」に近いが、日本人の耳には、ほぼチンポコに聞こえる。なお、「この鳩」は「チンポコナイ」となる。

□**アラビア語では、タバコのことを「シガーラ」という。**日本人の耳には「スイガーラ」と聞こえなくもない。

□**ロシア語をめぐる雑学に、「ロシア語で、おばあちゃんはババーシュカという」という名作がある。**ただし、残念ながら、本当の発音は「バーブゥシュカ」に近い。シュカは、日本語でいう「ちゃん」のような意味。

□**1から99までの数字を英語で書き表したとき、「a」は一度も現れない。**

□**「世界の七不思議」は、誤訳に近い。**wondersを「不思議」と訳したのだが、この単語には、驚き、驚異という意味もある。「世界の七不思議」は、不思議というよりも、驚きに満ちた建造物のはず。

□**「ムーディ」は、日本では、ムードがある、雰囲気がいいという意味で使われるが、英語の「moody」は、まったく意味の違う言葉。**「不機嫌」「ふさぎ込む」「気まぐれ」といった意味で、ポジティブなニュアンスは含まれない。

□**縮小画像の「サムネイル」は、親指（サム）の爪（ネイル）くらい小さいという意味。**

□**スワヒリ語でトウガラシのことを「ピリピリ」という。**

□**「Mojibake」（文字化け）は、世界で通じる言葉。**アルファベットにはそういう概念がないので、日本のソフトウエア技術者が説明するうち、ソフトウエア界の世界的な共通語になった。

□**のど薬のトローチの名は、ギリシャ語の「小さな車輪」という意味の言葉に由来。**

□**パンチパーマの本来の名前は「チャンピオン・プレス」。**1970年代、北九州市で考案されたときに付けられた名前。「これ以上のパーマはない」という意味。

□**ガスタンクは通称で、正式名はガスホルダー。**英語でガスタンクというと、自動車のガソリンタンクのことになる。

□**葉巻のサイズを表す「チャーチル」という単位がある。**太く（直径18ミリ〜20ミリ）て、長い（19センチ以上）タイプを指す。むろん、葉巻好きの英国首相ウィンストン・チャーチルの名に由来。

□**音波探知機のソナー（sonar）は、sound navigation ranging の略語。**

□**エアロビクス（有酸素運動）の反対語は、アネロビクス（無酸素運動）。**１００メートル走や筋トレなどを指す。

□**「飴と鞭」は、英語では「ニンジンと棒」（carrot and stick）という。**なお、「飴と鞭」も日本語発ではなく、ドイツの宰相ビスマルクの政策を評して使われた言葉。

□**「海老で鯛を釣る」ということわざがあるが、ドイツには「ベーコンを求めてソーセージを投げる」という、同じ意味のことわざがある。**小さなソーセージを投げ、ベーコンの塊を手に入れるという意味。

□**ボーナスは、ラテン語の「bonus」（ボヌス）が語源。**意味は「よいもの」。

□**テーラーは洋服屋など、欧米の姓は職業と関係していることが多いが、あまり知**

られていないところでは、サッチャーは屋根屋、ワグナーは車大工、フォスターは鋏職人、クーパーは桶屋。

□**7月14日のフランス革命記念日を「パリ祭」と呼ぶのは、日本だけ。**邦題を『巴里祭』と名づけた映画がヒットし、日本ではこの名で定着。夏の季語にもなっている。

□**マングローブは、マレー語と英語を合成した言葉。**マングローブは河口などの汽水域に育つ植物の総称で、マレー語でそうした樹木を表す「マンギ・マンギ」と、英語で小さな森を表すgroveを合成した言葉。

□日本では、集合住宅の名前に「ハイム」という言葉をよく使うが、**もとはドイツ語のHeimで、わが家、家庭という意味。**要するに、英語でいえば、ホーム。

□**蛇口を「カラン」というのは、オランダ語で、鶴を意味する「クラーン」(kraan)に由来する。**長く細く、曲がった水道管を鶴の首に見立てた言葉。

□**「カオリナイト」という石がある。**〝かおりさんの夜〟というわけではなく、粘土の産地である中国の地名・高嶺(カオリン)に由来。

□**中国、韓国でも、「正」の字を書いて数をかぞえる。**

□**プライマリー、セカンダリーの次の3はターシャリー、4はクォータナリー、5はクワイナリー、6はシーナリーと続く。**ただし、3以降はほとんど使われない。

□**テレビ局で、3、2、1、「キュー」というが、綴りはCue。**英語由来で、始まりの合図や信号として使われてきた語。発音が同じなので、Qと書くこともある。

□**中国語では、コンビニのことを「方便商店」という。**セブンイレブンは「7―11」、あるいは「7―11便利店」。

□**R―18の「R」はRestrictedの略で、制限、規制を意味する。**たとえば、R―18の映画は、0～17歳の視聴が制限される。

□**「チンチン」という名のバラがある。**ゴージャスな赤バラで、フランスでは人気種。なお、チンチンはフランス語で、乾杯という意味。

□**マイケル・ジャクソンの名曲『Beat it』の意味は「ずらかれ」に近い。**歌詞は、「ケンカなんかせずに、逃げろ」という意味のことをさまざまなフレーズで繰り返している。

□**Blue-rayではなく、Blu-ray**。Blue-rayだと、英語圏では、青色光ディスクという意に。すると、商標登録できない可能性があるため、Blu-rayと書くようにした模様。

□**マルハニチロ食品の「マルハ」という言葉には、波が丸くおさまるという願いがこめられている**。要するに〝丸波〟。水産加工メーカーだけに、遠洋漁業の無事を願ってつけられた社名。

7

「文化とスポーツ」の話題

◉文化の話題

世界一売れている小説は？

ドイツの『宇宙英雄ペリー・ローダン』シリーズは、通算15億部以上売れている。これは、ハリー・ポッター・シリーズ（4億5000万部）も遠くおよばない数字。ただし、ペリー・ローダン・シリーズは、一人の作家が書いているわけではなく、30人以上の作家によって書き継がれているリレー小説。

探偵小説が推理小説に変わったのは？

1946年、当用漢字が決められた。それは、あくまで漢字使用の指針を示したものだったが、当時はそれ以外の漢字は使えないという雰囲気が広がった。「偵」という漢字は、当用漢字に採用されなかったため、「探偵」と書きにくくなり、「探偵小説」から「推理小説」への言い換えが進むことになった。その後、「偵」は常用漢字には採用されたのだが、もとの「探偵小説」が主流に返り咲くことはなかった。

世界でいちばん万引きされた本は？

世界一万引きされた本について、明確な統計はないが、欧米の書店業界では「聖書」で間違いないとみられている。

なお、聖書は、著作権のない本まで含めたときの世界最大のベストセラーでもある。

アルファベットのEをまったく使わない小説とは？

1939年に書かれた『ギャズビー――Eの文字を使わない5万語以上の物語』という小説には、アルファベットのEがまったく使われていない。英語圏では、こうしたゲーム的な文章制作上の制限を「リポグラム」と呼び、その後、さまざまなリポグラム小説が書かれてきた。

『猫ふんじゃった』の曲名は国によって違うって本当？

『猫踏んじゃった』には、世界で30種類近い名前がつけられている。ドイツ、ベルギーでは「ノミのワルツ」、ロシアでは「犬のワルツ」、韓国では「猫の踊り」。

このあたりは、日本の曲名とも通じるところがあるが、アメリカでは「トトトの踊り」、フランスでは「カツレツ」、スペインでは「チョコレート」というタイトルで知られている。依然、作曲者も生まれた国も不明の状態が続く、インターナショナルな謎の一曲。

交響曲をめぐる「第九の呪い」とは？

クラシック音楽をめぐり、「第九の呪い」という言葉がある。

なぜか「交響曲第九番を作曲した作曲家は死ぬ」というのだ。

確かに、９番目の交響曲の作曲と前後して死んだ作曲家には、ベートーヴェンをはじめ、マーラー、ブルックナー、シュニトケ、ヴェレスらがいる。

歌舞伎の黒子は、雪のシーンでも黒い衣を着るのか？

歌舞伎の黒子は、どんなシーンでも黒い衣を着ているというわけではない。ふだんは黒の衣をまとっているが、海の上や水辺の場面では、ブルーの衣装、「波衣《なみご》」を身につける。

また、雪の場面では白装束の「雪衣《ゆきご》」を着用する。

『2001年宇宙の旅』のコンピューターの謎とは？

映画『2001年宇宙の旅』に登場するコンピューター、HAL9000の「HAL」は、IBMの一文字ずつ前のアルファベットを並べたという説がある。ただし、監督や脚本家は否定している。

一方、日本のゲーム会社のHAL研究所は、IBMの一歩先をいくという意味で名づけたという。

ターミネーター、エイリアン……に殺された男とは？

俳優のランス・ヘンリクセンは、ターミネーター、エイリアン、プレデターに殺されている。

『エイリアン2』で、医療アンドロイドのビショップ役を演じた俳優で、『ターミネーター』では捜査官役、『エイリアンvsプレデター』では、大金持ちのビショップ・ウェイランド役を演じている。

あの大物が、『トイ・ストーリー3』に〝カメオ出演〟!?

『トイ・ストーリー3』には、トトロが〝カメオ出演〟している。

もっともぬいぐるみが少しうつるだけではあるが。

トイ・ストーリーのジョン・ラセター監督と宮崎駿監督が旧知の間柄で、ラセター監督がリスペクトをこめて出演を依頼、宮崎監督が快諾して〝出演〟が実現した。

『ロッキー』の試合撮影をめぐる意外な話とは？

映画『ロッキー』のラストのボクシングシーンは、最終ラウンドから1ラウンドへと、逆の順番に撮影された。

あの有名なシーンでは、ラウンドが進むごとに、ロッキーの顔が傷つき腫れ上がっていくが、逆順に撮影して特殊メークをはがしていくほうが、安上がりに撮影できたため。

映画監督ジェームズ・キャメロンの㊙体験とは？

『ターミネーター』『タイタニック』などの監督ジェームズ・キャメロンは、潜水艇で水深10898メートルまで潜ったことがある。

その記録は『ジェームズ・キャメロンの深海への挑戦』というドキュメンタリー映画になっているが、まったくヒットしなかった。

謎の映画監督アラン・スミシーって誰のこと？

1968年から1999年の映画で、ク

レジットに「監督アラン・スミシー」とある場合は、何らかの理由で、監督が降板し、完成時に監督不在だったことを意味する。

2000年以降は、監督の名前を出せないときは、毎回違う名前を使うことになっている。

クリスタルキングの『大都会』って、どこの街？

かつてのヒット曲、クリスタルキングの『大都会』のモデルとなったのは、東京でも横浜でもなく、九州の博多。

クリスタルキングは長崎県の佐世保市で結成され、博多に拠点を移した後、この曲をつくった。

佐世保と比べると博多はそれほどの〝大都会〟だったのだ。

「人生ゲーム」の紙幣の肖像画は誰？

「人生ゲーム」の5万ドル紙幣には、開発者の肖像画が使われている。ミルトン・ブラッドレーという人物だ。

また、10万ドル紙幣は、アーサー・リンクレターというラジオ・パーソナリティをつとめた人の肖像が用いられている。残りの紙幣の肖像は、架空の人。

『クラリネットをこわしちゃった』の歌詞の謎とは？

『クラリネットをこわしちゃった』の歌詞

に出てくる「オ　パキャマラド」という言葉は、フランス語で「みんな足並みをそろえて」という意味。

もとはフランスの童謡で、日本語に訳詞するとき、訳詞者がこの言葉は面白いと、フランス語をそのまま残した。

キン肉マンの「キン」がカタカナなのは？

『キン肉マン』の作者ゆでたまご氏が明かしたところによると、キン肉マンの「キン」がカタカナなのは、作者が小学4年の頃に、このマンガを書き出したとき、まだ「筋」という漢字を書けなかったためだという。

芥川賞、直木賞を辞退した作家っている？

芥川賞を辞退した作家も、直木賞も断った作家も、一人ずついる。

まず、昭和15年、高木卓という作家が芥川賞を辞退している。高木卓は一高のドイツ語教授で、その年、賞に選ばれた作品よりも、前年、落選した作品のほうが自信作だったため、辞退したといわれる。また、先輩作家に賞を譲るつもりだったという説もある。

一方、直木賞を辞退したのは、『樅の木は残った』などの山本周五郎で、1943年のこと。山本は、直木賞だけでなく、戦後にもさまざまな文学賞を辞退している。

グラミー賞の「グラミー」って、どういう意味？

アメリカの発明家、エミール・ベルリナーが発明した円盤式蓄音機（グラモフォン）にちなむ。

エジソンが発明した蓄音機は、実用にはほど遠く、ベルリナーはその実用化に成功した人物。グラモフォンは、レコード型蓄音機、レコードプレーヤの原型。

『真夏の夜の夢』が『夏の夜の夢』に変わったのは？

シェイクスピアの喜劇『真夏の夜の夢』の題名は、近年、誤訳の疑いがかかっている。

原題には「midsummer night」とあり、英語の midsummer は夏至を意味し、6月24日の聖ヨハネ祭前後の時期を指す。そこで、近頃は「真夏」ではなくなり、『夏の夜の夢』と訳されることが増えている。

『ヴィーナスの誕生』の貝殻はどんな種類？

ボッティチェリの名画『ヴィーナスの誕生』で、女神は大きな貝殻の上に立っている。あの貝の〝モデル〟となったのは、「ジェームズホタテ貝」。

地中海に生息するホタテ貝の仲間だが、むろんあんなに大きいわけではなく、殻長はせいぜい12センチ程度。

かぐや姫は、竹の筒の中で呼吸できた？

竹の空洞の中にある気体の成分は、窒素78〜79％、酸素13〜19％程度と、大気の成分（窒素78％、酸素21％）と、さほど変わらない。

やや酸素は少ないものの、それは高山に登っているときくらいのもの。その中で眠っていても、窒息するほど、酸素濃度が薄いわけではない。

花札の桜の短冊に「みよしの」と書かれているのは？

「みよしの」とは、桜の名所、奈良の「吉野」の雅称。後鳥羽上皇の「み吉野の高嶺の桜散りにけり嵐も白き春のあけぼの」という和歌がもとになっているとみられる。

『走れメロス』を生んだ、太宰治の体験とは？

『走れメロス』（太宰治）は、「太宰が自分（作家檀一雄）と熱海で遊びすぎて、お金がなくなり、自分を宿に残して、東京の井伏鱒二のところまで借金に行ったという経験談が、創作のベースになったのだろう」と、檀が『小説　太宰治』の中で述懐している。

中村草田男の筆名をめぐる〝規格外〟の話とは？

俳人の中村草田男の「草田男」という筆

名は、〝腐った男〟から付けられた。「降る雪や明治は遠くなりにけり」などの句で知られる中村草田男は、若い頃、親戚から「お前は腐ったような男だ」と罵倒されたことがあり、その「腐った男」をもじり、「草田男」と名のるようになった。

ただし、「草田」を「そうでん」と音読みし、「そう出ん男」（そうは出ない男）という自負を込めたとも伝えられる。

西遊記があるなら、東遊記、北遊記、南遊記もあるか？

西遊記のほか、東遊記、北遊記、南遊記という物語もある。

明代、西遊記がヒットすると、東遊記などが明代から清代にかけて書かれた。「四遊記」と総称され、たとえば東遊記は、仙人が東の海を渡り、妖魔と戦う物語。要するに、二番煎じの作品は、昔からあったという話。

◆まだまだ続く！　文化の話題

□**ムンクの『叫び』は5枚ある。**まずムンクは、1893年に油彩で描き、同年と1895年にパステル、1895年にリトグラフ、1910年にテンペラで、同じ題名、同じ構図の絵を製作した。

□**アカデミー賞に賞金はない。**オスカー像と呼ばれる男性の金メッキ像が贈られるだけ。

□**美術品を紹介する言葉のうち、「○○家所蔵」とあれば、その家（公家や大名家など）が今も所蔵している品。**一方、「○○家伝来」は、すでに売り払い、今は所有していないもの。

□**村上龍が芥川賞を受賞した小説『限りなく透明に近いブルー』は、当初は『クリトリスにバターを』という題名だった。**しかし、当時としては余りの過激さから、改題された。

□**「むましか」という名の妖怪がいる。鹿の体に馬の頭をもつ妖怪で、その名は漢字では「馬鹿」と書く。**『百鬼夜行絵巻』にも登場する。

□**伊勢神宮に、おみくじはない。**そもそも伊勢神宮は、個人的なことを願うのも、よしとしない特別な神社。昔は伊勢にたどりつけただけで、大吉とされたという。

□**「鏡物」と呼ばれる四冊の歴史書は、「大こん水増し」と覚えると忘れない。**「大鏡」「今鏡」「水鏡」「増鏡」の四冊。

□**中国の霊獣・麒麟は、麒がオスで、麟がメス。**

□**ヒップホップグループの「ケツメイシ」は、もとは漢方薬の名前。**「決明子」と書き、エビスぐさの種子の生薬で、便秘や結膜炎に効くとされる。なお、ケツメイシのメンバーのうち二人は、薬剤師免許をもつ。

□**雑誌『セブンティーン』は、17歳向けという意味ではない。**サーティーンからナインティーンまで、7つのティーン、みんなに読んでもらいたいという意味が込められている。

□**旧暦十月には、八百万の神々が出雲に集まるといわれるが、それに参加しないの**

が、恵比寿さん。十月には恵比寿講があるので、参加できないとされる。

□**予言者のノストラダムスは、『化粧品ジャム論』（1555年）という本も書いている。**彼は占星術師であるとともに、医師でもあり、料理研究家でもあったのだ。同書は、フランス初のジャム作りのハウツウ書。

□**1961年、マチスの「舟」という作品は、ニューヨーク近代美術館で逆さまに展示された。**そして、最終日前日までの47日間、誰一人、そのことに気づかなかった。その間の入場客数は11万6000人にのぼった。

□**札幌市には、天使大学がある。**カトリック系の大学で、もとは天使女子短期大学。2000年に共学科し、この名になった。看護学科と栄養学科などがある。

□**YMOの代表曲『ライディーン』は、坂本龍一ではなく、高橋幸宏の作曲。**高橋幸宏の鼻唄を坂本龍一がメモしたと伝えられる。

□山口百恵の『いい日旅立ち』は、国鉄（当時）のキャンペーンソング。その曲名には、国鉄の指定券発売システムを使用していた**日本旅行（日旅）と、国鉄車両を製造していた日立製作所（日立）の社名が入っている。**

□パフィの『これが私の生きる道』は、資生堂のCMソング。**曲名に「私・生・道」の文字が入っている。**

□**『瞳をとじて』という曲があるが、瞳は閉じられない。**閉じるのは、まぶた。

□**宮崎駿監督のアニメには「の」の法則がある。**『風の谷のナウシカ』から『崖の上のポニョ』までの宮崎作品には、かならずタイトルに「の」が入っているのだ。ただし、『風立ちぬ』によって、この法則は崩れている。

□**『26世紀青年』という映画がある。**日本では、劇場未公開。

□**サンリオのキャラクター、「けろけろけろっぴ」のフルネームは「はすの上けろっぴ」。**弟は「はすの上ころっぴ」。ガールフレンドの名は「けろりーぬ」。

□**グリム童話は、グリム兄弟が書いたわけではなく、彼らが集めてきたメルヘン集。**

□**『バス男』という映画がある。**日本では劇場未公開だが、人気だった『電車男』に便乗し、『バス男』という名でＤＶＤ化された。ただし、後に『ナポレオン・ダイナマイト』という原題に近いタイトルに変更されている。

□**『14日の土曜日』という映画がある。**ホラー・コメディ。

□**約30年間も、ミッキーマウスの声優をつとめたウェイン・オルウィンと、ミニーマウスの声優ルシー・テイラーは、現実でも夫婦だった。**

□**映画『スタンド・バイ・ミー』の原作のタイトルは、『The Body』。**要するに「死体」。短編集『恐怖の四季』におさめられた一編。

□**「キティ・チャン」という中国人女優がいる。**漢字では張雨綺と書き、日本映画の『少林少女』にも出演している。むろん、キティちゃんとは関係ない。

□**『ちびまる子ちゃん』に登場するサッカー好きのクラスメート「ケンタ」は、現ガンバ監督の長谷川健太がモデル。**長谷川は、作者のさくらももこの小学校の同級生。

□**ドラえもんの「できすぎくん」のフルネームは出木杉英才。「出来杉」ではない。**

□**アニメ『サザエさん』のマスオさんの声は、マスオカさんがつとめている。**大ベテラン声優・俳優の増岡弘さんの声。

□**『3年B組金八先生』の先生の名は、金曜8時の放送だったことから、「金八」になった。**坂本という姓は、武田鉄矢が尊敬する坂本龍馬から。

□**視聴率の調査装置が取りつけられたばかりの家は、その直後から数週間は、視聴率にカウントされない。**見栄をはるためだろう、教養番組の視聴率がひじょうに高くなるのだ。

□**アニメでは、女性の声優が少年の声を演じることが多いが、その基本をつくった**

のは、『鉄腕アトム』。清水マリ、田上和枝（清水の出産中の代役）がアトムの声を担当した。

□**必殺シリーズの第14作『翔べ！必殺うらごろし』には、和田アキ子が仕事人役で出演している。**そのときの得意とする殺し方は「撲殺」。必殺マニアの間で、シリーズきっての異色作とされる作品。

□**雑誌『じゃらん』の名前の意味はインドネシア語のjalan（道という意）に由来する。**また、「Japanの真ん中にL」（レジャーの頭文字）という意味もあるという。

□**紅白歌合戦は、1953年だけ、年に2回放送された。**同年1月2日に正月番組として放送され、12月31日に年末番組として開催されたため。以後、大晦日に定着。

◉スポーツの話題

日本人が100メートル走の世界記録を出していた⁉

1902年、東大生だった藤井實が、10秒24で走ったという記録が残っている。

当時はまだ、国際陸上連盟（1912年設立）の設立前で、公式の世界記録は存在しなかったが、もしこの話が本当だとすれば、当時の水準からみて、世界最速だったことは間違いない。なにしろ、藤井のタイムを日本人が破ったのは、89年後の1991年のことなのだから。

ただし、当然のことながら、藤井の記録は、タイム計測法などに疑義が投げかけられている。

なお、1935年には、「暁の超特急」の異名をとった吉岡隆徳選手が、10秒3の世界タイ記録をマークしたことがある。

陸上のリレーで、3走がバトンを落としやすいのは？

陸上競技の100メートル×4の400

メートルリレーでは、4人の走者が走るが、バトンの受け渡しの難易度は、走る順番によってまったく違う。

まず、1走は渡すだけで、4走は受けるだけ。受け渡しの両方を行うのは、2走と3走の二人だ。その分、1走、4走よりは、バトンを落とす危険性が高くなる。

さらに、2走は直線部を走るが、3走はトラックのカーブの部分を走る。つまり、3走はカーブの入り口でバトンをもらい、その出口で4走にバトンを渡さなければならない。それは直線部で受け渡すよりも技術的に難しく、その分、3走は詰まったり、バトンを落とすことになりやすい。それが、劇的な終盤の逆転劇を生むというわけだ。

西武が、本拠地球場で3塁側のベンチを使うのは?

プロ野球では、本拠チームが1塁側のベンチ、ビジターチームが3塁側のダッグアウトを使うのが普通。ところが、西武ライオンズは、本拠地の西武球場で3塁側のベンチを使っている。なぜだろうか?

まず、プロ野球協約には、どちらのベンチを使うかに関する規定はなく、本拠チームがどちらのベンチを使うか、自由に選べる。西武の場合、1塁側の外野に沿って桜並木があり、3塁側からだと、その桜がよく見える。ライオンズが3塁側のベンチを使えばそのファンは3塁側に座ることになるので、しぜんに桜を楽しむことができる。そのため、ライオンズは3塁側のベンチを使っているという。

ほか、日本ハムと楽天も、3塁側を使っている。ともに、3塁側のほうが、ベンチ後方のスペースが広く、監督室などをつくりやすいという理由からだという。

100メートル走で、スターターから遠いと不利？

スターターは、1レーン側の外に立ってピストルを鳴らす。1レーンから8レーンまでは9・76メートルあるので、8レーンの走者はスタート音が聞こえるのが、0・03秒ほど遅くなるのだ。これは、100分の1秒を争う100メートル走では、小さくはない数字だ。

そこで近年、ハイレベルの大会では、小型スピーカーを内蔵したスターティングブロックを使っている。すると、足元から音が出るので、音の伝わる速さによる誤差が生じず、どの選手にも公平というわけだ。

日本の野球場の多くは、公認野球規則に違反してる⁉

公認野球規則では、野球場は「本塁から投手板を経て二塁に向かう線は、東北東に向かっていることを理想とする」と書かれ、アメリカの野球場は、おおむねこの規則に従っている。

ところが、日本では、このルールに従っている球場は少なく、むしろ南を向いていることが多い。たとえば、甲子園球場は、ほぼ真南を向いて建てられている。甲子園の場合、北側すぐに阪神電鉄の駅があるため、南向きに建てたほうが、アクセスがよかったという理由がありそうだ。
　他の球場では、南向きに建てると、内外野手は北側を向いて守ることになるので、デーゲームでも太陽光線に邪魔されることなく、守りやすいという理由から、日本では南向きに建てられたケースが多いとみられる。

なぜ野球のユニフォームには、横縞がない？

　プロ野球のユニフォームは、縦縞のものは多いが、横縞は見かけない。これは、横縞にすると、投手の投球上、不利になるため。横縞の位置によって、投げる瞬間の手の位置、つまりボールの出どころがわかりやすくなるのだ。

プロ野球の選手は、試合中にスマホをいじれるか？

　プロ野球では、1999年、「試合中の情報伝達行為の禁止」という規定が設けられ、選手らが試合中に携帯電話などの電子機器を使うことを禁じている。過去、ツイッターでささやいた外国人選手が厳重注意を受けたこともある。

ボウリングのボールがピン手前で急に変化するのは？

　ボウリングのレーンは、損傷を防ぐため

に、前半部ではオイルが厚く塗られている。

ところが、ピンの近くはオイルが塗られていないため、摩擦力が大きくなり、ボールが大きくカーブすることになる。

Jリーグのゴールネットの網目が、六角形になったのは？

Jリーグのゴールネットには、網目が四角（格子状）のものが用いられていたが、現在は網目が6角形のものに変更されている。

そのほうが、ゴールが決まったときに、ネットとボールがからむ時間が長くなり、美しく揺れるから。

陸上競技で、女子記録が男子を上回る競技とは？

陸上競技の円盤投（これが正しい表記で、円盤投げとは書かない）の世界記録は、女子が東ドイツのガブリエル・ラインシュの76・80メートル（1988年）で、男子が東ドイツのユルゲン・シュト74・08メートル（1986年）。

これらの数字を見ると、いろいろな疑問が湧くことだろう。まず、女子の記録が男子を上回っているのは、円盤の重さが違うから。一般男子は2キロ、女子は1キロの円盤を投げる。

また、ともに30年間も破られていない〝大記録〟であり、ともに東ドイツの選手がマークした記録。むろん、ドーピングが疑われている。とりわけ、女子の記録は「永久に破られない」とまで言われている。

近頃、国際陸上競技連盟では、世界記録の見直しを検討しはじめた。一部の報道によると、ドーピング検査の検体が保存されているのは、2005年以降に限られるため、2004年以前にマークされ、現在まで生き残っている世界記録はすべて抹消することも、検討されているという。

外から見えないメジャーリーグの暗黙の掟とは？

メジャーリーグのアンリトン・ルール（不文律）では、「大量リードしているとき、盗塁をしてはならない」「大量リードしているときは、ノースリーからは見逃さなければならない」などが有名だが、「ノーヒットノーランをバントで阻止してはならない」という不文律もある。

サーファーが乗りきった最大の波は？

ハワイのサーファー、ギャレット・マクナマラは、2013年にポルトガルのナザレ海岸で、高さ約30メートルとみられる大波に乗った。その高さは、ビルの10階に相当する。それ以前、やはり彼が持っていた高さ23・7メートルを大幅に更新した。

ブラジルのサッカー選手がニックネーム登録なのは？

ブラジルのサッカー選手には、ペレ、ジーコ、ドゥンガ、カカなど、ニックネームで登録している選手が多い。

これは、ブラジルでは、姓の種類が少ないため、本名で登録すると、混乱を招きやすいため。

自転車に乗れば、一流の競歩選手に勝てるか？

男子20キロ競歩の世界記録は、1時間16分36秒。男子50キロ競歩は3時間32分33

秒。

普通の人が自転車に乗れば、20キロはいい勝負。50キロは、まず勝てないだろう。

テニスの国際審判は、世界各国の悪口を知っている⁉

テニスのルールでは、選手は、審判に対して、礼儀正しい態度で接しなければならないとされている。つまり、審判に対する悪口雑言もルール違反になるため、国際審判は各国の選手が母国語で放つ悪口を聞き分ける能力を身につけている。

日本でいちばん選手が多いプロスポーツは？

プロスポーツ選手の数は競輪が圧倒的に多い。競輪の選手は、この10年で1000人以上減っているが、それでも全国に約2300人の選手がいる。それは、プロ野球選手の約900人（支配下登録選手＋育成選手）の2・5倍以上に匹敵する数字。

バドミントンのシャトルは気温によって使い分ける⁉

バドミントンのシャトル（羽）は、気温が高いときにはよく飛び、気温が低いときには飛びにくくなる。そこで、羽は1番から5番まで、気温別に分けられ、夏場は飛びにくい2番シャトル、冬場は飛びやすい5番が使用されることが多い。これらの番号は、「飛び番号」や「スピード番号」と呼ばれている。

すいか割りの公式ルールは？

日本すいか割り推進協会（JAが設立）が定めた公式ルールによると、棒の長さは1・2メートル以内、直径は5センチ以内、すいかと競技者（割る人）の距離は5～7メートル。得点制で、空振りは0点、すいかに当たると1点、ひび割れの程度によって2～4点。赤い果肉がみえると、その見え方によって5～10点などと定められている。

プロボクサーのパンチの速度は？

プロボクサーのパンチのスピードは、時速40キロ程度である。

意外に遅いと思った人が多いと思うが、両者の距離が1メートルだとすると、0・11秒ほどでヒットする。

簡単によけられると思ったら大間違いである。

オリンピックの年齢制限の謎とは？

かつて、フィギュアスケートの浅田真央選手は14歳のとき、年齢制限にひっかかって、五輪に出場できなかった。その一方、水泳平泳ぎの岩崎恭子選手は、14歳で金メダルを獲得している。14歳の選手が出場できたり、できなかったりするのは、なぜだろうか？

原則として、オリンピックに年齢制限はないのだが、競技団体によって年齢制限を設けていることがあるのだ。年齢制限があるのは、スケート（フィギュア、ショートトラック、スピードは15歳以上）、体操（男子16歳、女子15歳以上）、新体操（16歳以上）、水泳の飛び込み（15歳以上）、ボブスレー（18歳以上）。

スケートなどは年少のほうが有利なため。飛び込みなどは危険をともなうため。

本当は「バス」なのに、なぜランディ・「バース」？

阪神タイガースに在籍し、2度三冠王を獲得したランディ・バース（Bass）の姓は、本来は「バス」と発音する。

ところが、阪神の親会社・阪神電鉄が阪神バスを経営しているため、バースが打てなかったとき、「阪神バス・ブレーキ」「阪神バス故障」など、スポーツ新聞にからかわれることを嫌い、「バース」で登録した。

五輪のメダルとノーベル賞を両方受賞した人はいる？

オリンピックのメダルとノーベル賞をともに受賞した人が、人類史上、一人だけいる。

イギリスのフィリップ・ノエルベーカーは、１９２０年のアントワープ五輪で男子１５００メートルで銀メダルを獲得。その後、政治家に転身し、１９５９年のノーベル平和賞を受賞している。

◇まだまだ続く！ スポーツの話題

□**メジャーリーグでは、監督と選手の交換トレードが成立したことがある。**２０１１年秋、ホワイトソックスのオジー・ギーエン監督がマーリンズへ、マーリンズの若手選手がホワイトソックスへ交換トレードされた。

□**カーリングのストーンは、高級品になると1個10万円以上する。**競技には16個のストーンが必要なので、それだけで１６０万円以上はかかることになる。

□**力士が場所中に鶏肉のちゃんこを食べるのは鶏は2本足で、手をつかずに立っているから。**力士は手をつくと負けなので。

□**日本人初のプロレスラーは、ソラキチ・マツダ（本名・松田幸次郎）。**1859年生まれで、力士を序二段で廃業後、アメリカ人興行師の誘いで渡米。1883年、ニューヨークでデビューした。

□**体操競技や跳び箱に使うロイター板の「ロイター」とは、開発者の名前。**

□**ドーハの悲劇（1993年）のとき、日本は負けたわけではない。**イラクと2対2で引き分け。四半世紀がたち、実際に見ていない人が増えて、誤解が広がっているようなので。

□**五輪の開会式と閉会式で、国名が変わった国がある。**1964年の東京五輪の開会式に、「イギリス領北ローデシア」として臨んだ〝国〟は、10月24日の閉会式には、新独立国のザンビアとして新国旗を掲げて行進した。

□**日本腕相撲協会の公式ルールによると、腕相撲にも48の決まり手がある。**

□**卓球のルールには、ラケットの形、大きさ、重さに関する規定はない。**つまり、どんなに大きなラケットを使ってもよい。

□**新体操は、英名では「リズミックジムナスティックス」という。**日本で「新体操」と呼ばれるのは、もともと「モダン体操」と呼ばれていたことの名残り。

□**1900年のパリ五輪では「釣り」が正式競技として行われた。**セーヌ川で糸を垂れ、釣った魚の総重量を競い合った。なお、2020年の東京五輪にも、釣りを種目に加えるように国際スポーツフィッシング連盟がIOCに申請している。

□**体操で使う白い粉は「タンマ」と呼ばれる。**炭酸マグネシウムの略。

□フットサルのポジションの名前は、11人制のサッカーとはまったく違う。フットサルは、南米のポルトガル語圏発祥なので、ポルトガル語が使われ、ゴールキーパーは「ゴレイロ」、フォワードは「ピヴォ」という。

□アメリカのメジャーリーガーの4人に1人は外国人選手。2016年の国籍別ベスト3は、米国（1071人）、ドミニカ共和国（149人）、ベネズエラ（112人）。

□日本で、夏季と冬季、両方の五輪競技が行われた唯一の町は長野県の軽井沢町。東京五輪（1964年）では馬術、長野五輪（1998年）ではカーリングの会場になった。

Column

この「会話のタネ」に気をつけろ③

□「眼球は、産まれたときから、大きさが変わらない」というのはガセ。産まれたときは16〜17ミリで、3歳までに22ミリくらいに成長。その後は成長スピードがゆるやかになり、14歳で23〜24ミリになって完成する。他の部位に比べると、成長割合は少ないが、大きさが変わらないわけではない。

□「コカコーラのロゴは創業以来、変わっていない」というのはガセ。Cが渦巻き状になったり、元に戻ったりするなど、何度もスモールチェンジしている。基本となるあの字体は、コーラ新発売の1886年当時に流行していたスペンサリアン体という字体。

□初代ファミコンにえんじ色のプラスチックが使われたのは「えんじ色のプラスチックが安かったから」という話があるが、実は社長命令だったという。任天堂の山内博社長（当時）は、えんじ色が好きで、ファミコンのような色のマフラーを愛用していた。

8

「いきもの」の話題

◉動物の話題

ドッグフードの味見を人間がするのは？

ドッグフードは、研究員が食べて味、歯ごたえ、香りなどを確認している。

その確認作業には、「人間が食べても安全かどうか」という重要ポイントも含まれている。犬の飼い主には、一口二口食べてみるという人がけっこう多いことから。

タロとジロの弟、サブロはどうした？

映画『南極物語』でも有名なタロとジロは、じつは3兄弟で、サブロという弟犬がいた。

１９５６年、３頭は、北海道の稚内で、風連のクマと、クロの間の子として生まれ、タロ、ジロ、サブロと名づけられた。その後、南極観測隊がカラフト犬を犬ぞりに使うことが決まると、３頭は招集されて訓練を受けることになった。
その訓練のさなか、サブロは死亡。タロとジロの2頭が南極に向かうことになり、あの物語の主人公となった。

豚の体脂肪率は、どれくらい？

豚の体脂肪率は、人間の女性（平均25％前後）よりも、はるかに低い。
食用豚で14～18％と、人間でいえば〝モデル体型〟。

ハムスターは一晩で、どれくらい回転車を回す？

観察記録では、12キロという報告がある。
野生のハムスターは砂漠地帯に住み、エサを求めて、夜通し動き回っている。日々、それくらいの距離は走っているとみられる。

ゴリラの握力って、どれくらい？

ゴリラのオスの体重は、150キロから180キロ。それだけの体重がありながら、片手で木につかまりながら移動していくところをみると、その握力は400～500キロはあるとみられる。
類人猿は、軒並み握力が強く、チンパンジーも200～300キロはある。
ちなみに、人間の握力は男性で40～50キロ。

カンガルーの赤ちゃんの誕生日の決め方は？

カンガルーの赤ちゃんの体重は、1グラム以下。毎日、袋の中を調べるわけにもいかず、いつ生まれたかを知るのは難しい。そこで、動物園では、カンガルーの誕生日を母親の袋から顔を出した日と決めている。

なお、袋から顔を出すのは、出産日から5か月ほど後のことなので、だいたいの出産日を知ることはできる。

世界に警察猫はいないのか？

かつて、ロシア南部の町スタプロポリには、ルーシクという警察猫がいた。仕事は、キャビアやチョウザメを隠し、密輸している者がいないかどうかを調べること。

猫は、一般的には、嗅覚で犬に劣るのだが、ルーシクはチョウザメを食べて育っていたので、その匂いにとりわけ敏感だった。

2003年7月、ルーシクが交通事故で〝殉職〟したときには、日本の朝日新聞も訃報を伝えている。

キリンの角は何本？

キリンには、何本の角があるか、ご存じだろうか？　2本と答える人もいれば、3本という人もいることだろう。正解は5本である。

まず、頭頂部の左右によく目立つ2本が生えている。おでこ（前頭部）に1本。加えて、耳の後ろに、真ん丸の突起物がふたつあり、それも角なのだ。

ただし、キリンは角を5本も持つわりに、使うことはほとんどない。メスの奪い合いなどで、キリン同士で格闘するときも、首をぶつけ合うだけで、角突き合わせることはない。

「駅長のたま」は、どこまで〝出世〟した？

和歌山電鐵・貴志川線貴志駅の〝駅長〟をつとめていた三毛猫のたま。8歳のときに駅長の座につき、16歳で亡くなるまでの間に貴志川線の利用者は約40万人も増えた。

彼の人気は、廃線の危機にさえあったローカル線を救ったのだった。

その間に、たまは、駅長からスーパー駅長、執行役員、常務執行役員を経て、社長代理にまで〝出世〟している。

ネコがとことん水を嫌うのは？

ネコの毛は水をはじかない。そのため、ネコの体は、水に濡れると、ずぶ濡れになってしまい、体温を大きく奪われる。ネコは、それを本能的に恐れて水を嫌うのだ。

干支に猫がはいっていないのは？

中国に猫がはいる前に、すでに干支の考え方は成立していたので、干支に猫ははいっていない。エジプト発祥のイエネコが中国に伝来したのは、紀元前２００年頃。干支が成立したのは、それよりも前の戦国時代（紀元前４８０〜２４７年）のこと。

猫がドッグフードを食べると、どうなる？

栄養失調になるおそれがある。猫は、アミノ酸を体内でつくる能力が乏しく、犬よりも多量のアミノ酸の摂取を必要とする。そこで、キャットフードにはタウリンがたっぷり含まれているが、ドッグフードはタウリンをほとんど含んでいない。

そのため、「同じようなものだろう」と、猫にドッグフードを与えていると、体調を崩すおそれがある。

タロとジロと一緒に、ネコも南極に行ったって本当？

じつは、タケシという猫が、タロとジロ

とともに南極に行っている。タケシはひじょうに珍しいオスの三毛猫で、航海の縁起がよくなるということで乗せられた。タケシという名は、観測隊長の永田武氏の名からのネーミング。

なお、タロとジロは体が大きかったため、救出に向かった船に乗ることができず、南極に取り残されることになったが、タケシは体が小さかったため、無事隊員と一緒に帰国した。ところが、帰国一週間ほどで行方不明になり、その後の消息はわかっていない。

ウサイン・ボルトと猫は、どちらが足が速い？

ほぼいい勝負とみられる。ボルトのトップスピードは時速44キロ余り。一方、猫は瞬間的には時速48キロを出したという観察記録がある。

猫が100メートルもマジメに走るとは思えないが、もし走らせることに成功すれば、ボルトとほぼいい勝負を演じることになるだろう。

肉食獣は、生のユッケを食べても大丈夫か？

ライオンなどの肉食獣は、古くなったユッケを食べても、何の問題もないはず。そもそも、肉食獣が生肉を食べても、食中毒を起こさないのは、胃酸が強酸性であるため。肉食獣の胃酸はpH1～2の強酸性で、サルモネラ菌などの食中毒を引き起こす菌は、その中で生きていけないのだ。
人間も、大昔は、胃酸が今よりも強酸性だったとみられるが、火による調理法を使うようになった後、胃酸の酸性が落ちてきたとみられている。

ネズミは、本当にチーズが好きなのか？

ネズミはチーズを好まない。それは、駆除業者などには経験的に知られていた話だが、イギリスの大学チームが実験で実証した。
ネズミが好きなのは、穀物や果物など、糖分の多い食べ物であり、よほどの空腹でないかぎり、チーズを食べない。とりわけ、臭いの強いブルーチーズ系には手をつけない。

上野動物園には、トラとライオン、どちらが先に来た？

上野動物園は、明治15年開園。当初は、キツネ、イノシシ、ヒグマなど、国産の生き物を展示していたが、明治20年、東京で興行中のイタリアのサーカスから、トラをゲットする。その15年後の明治35年、今度はドイツの動物園から、ライオン、ホッキョクグマなど、一気に12種を購入した。そのうち、ライオンが現代のパンダのような人気を博し、今に至る動物園の人気が確立した。

◆まだまだ続く！ 動物の話題

□**世界には、4300種から4600種程度の哺乳類がいるが、そのうち約1000種はコウモリの仲間。**なお、哺乳類の数に幅があるのは、独立種と認めるかどうかで、意見が分かれる種が多いため。

□**オス猫の利き手は左、メス猫の利き手は右。**イギリスの心理学者デボラ・ウェルズ博士が42匹の猫を使って、小瓶からマグロを取り出す実験を行ったところ、オスは21匹中20匹が左手、メスは21匹中20匹が右手を使ったという。

□**猫の足の指は、前足が5本×2、後ろ足4本×2で、計18本。**両後ろ足の親指が退化している。

□**猫の尿の臭いの原因となる物質名は「コーキシン」（cauxin）。**猫が「好奇心」旺盛であるところから、ネーミングされた。

□**猫も受動喫煙の被害を受けている模様。**喫煙者と暮らす猫は、リンパ腫を発症するリスクが、そうではない猫の2倍にも達する。

□**専門家の計算では、私たち現生人類は、5万年ほど前から現在までの間に、1150億人が生まれ、すでに1080億人が亡くなっていると推定されている。**

□**コアラの指紋は、人間とひじょうによく似ている。**指紋をもつ動物は、霊長類のほかには、コアラとイタチ科のフィッシャーくらい。

□**ワオキツネザルは、漢字で書くとすると、輪尾狐猿。**尾に輪状の模様があるキツネザルの仲間というわけ。Wao! と驚いているわけではない。

□**地球上に生息する動物の76％は、6本足。**要するに、全動物の4分の3は昆虫というわけ。

□**リスの尾っぽは、天敵に尾をおさえられたときなどの緊急時には、トカゲの尾のようにブチっと切れる。**ただし、トカゲのような再生能力はない。

□**イヌは、ネコ目《もく》の動物。**哺乳類の「目」は12種類しかなく、〝イヌ目〟はない。ウシ目、ゾウ目、サル目、コウモリ目などの中では、イヌはネコにいちばん近いというわけ。

□**ハリモグラは、モグラではなく、カモノハシの仲間（カモノハシ目）。**ハリネズミは、ネズミではなく、モグラに近い。（ネズミ目ではなく、ハリネズミ目）。

□**九州といえば、くまモンの活躍が目立つが、1957年以来、九州ではツキノワグマが目撃されていない。**すでに絶滅していると、2012年に判断されている。

□**研究者の観察により、「暑い地域にすむシマウマほど、シマの数が多い」と報告されている。**縞模様には、体温を下げる効果があるとみられているが、まだ定説ではない。

□**アフリカ・サバンナの草食獣ヌーは、「ヌー」と鳴くから、そう名づけられた。**

□**「獅子の子落とし」という成句があるが、現実には、ライオンは子どもが崖から落**

ちたときには助けに行く。ユーチューブにも〝証拠〟の動画がアップされている。

□**ブチハイエナのメスは〝ペニス〟を持つ。**クリトリスが長く伸び、擬ペニスのような状態になっているのだ。そのそばには陰唇が結合した擬睾丸まで備えている。

□**ハムスターに噛まれると、アナフィラキシーショックを起こし、死に至ることがある。**噛まれて、ハムスターの唾液が体内にはいると、体質によって、アレルギー症状が急激に進むことがあるのだ。

□**イギリスのノーサンプトン大学の研究によると、牛には〝親友〟がいて、親友のそばにいると、心拍数とコレチゾール血中濃度が下がり、ストレスが軽減することがわかったという。**

□**ミツユビナマケモノは、フタユビナマケモノ以上に怠け者。**フタユビは気性が荒く、ミツユビよりは動きがすばやい。

□**オーストラリアでは、ペットの犬、猫、ウサギ、鳥などに、マイクロチップを埋め込むことが義務付けられている。**専用の読み取り機でスキャンすると、飼い主がわかるという仕組み。費用は50ドルくらいで、一度装着するとペットが死ぬまで使える。

□**犬用のコンタクトレンズをつくっているのは、メニコングループの「メニワン」。**

□**アフリカゾウは、ミツバチの巣があるアカシアの木には近づかない。**アカシアの木の樹液が大好物なのだが。

□**ヤマアラシ、スカンク、アルマジロは、車にひかれやすいといわれる。**体に特殊かつ強力な防衛能力を備えているため、「逃げる」という感覚に乏しいためとみられる。

□**羊の大きさによって若干の違いはあるが、羊1頭の羊毛で、5〜7着のセーターがつくれる。**かつて、日本のテレビ番組が作ってみたときは、5着半だった。

□**「コアラ」とは、オーストラリア先住民の言葉で、「水を飲まない」という意。**たしかに、コアラは水分をユーカリの葉から摂取するので、水をまず飲まない。

□**ペット用の出入口を考案したのは万有引力を発見したアイザック・ニュートンという説がある。**彼は研究室で2匹の猫を飼い、そのドアに世界初の猫ドアを取り付けていたと伝えられる。

□**タラバガニは、交尾する前に、手（ハサミ）をつなぎ合い、その期間は3日から1週間におよぶ。**その行動は、英語ではハンドシェイキング（握手）と呼ばれている。

□**日本の動物の中で、いちばん足が速いのはノウサギとみられる。**時速72キロという記録があり、サラブレッドの69キロ（無騎乗）よりも速い。野生動物で続くのは、ヒグマ、あるいはアカギツネとみられる。

□**「ウサギはニンジン好き」というのはウソ。**好んでは食べないし、下痢することもある。そもそも、ニンジンは、ウサギには高カロリーすぎるため、与えるとすぐに太ってしまう。

◉鳥・魚・昆虫・植物の話題

ハチは、養蜂家にハチミツをとられて、飢えないか？

養蜂家は、ハチミツを取るとき、すべてを奪ったりはせず、働きバチや幼虫が食べる分を残しておく。

それでも、秋以降、野に咲く花が減り、ハチミツを集めにくくなると、ミツバチが餓死するおそれがでてくる。そんな場合、養蜂家は砂糖水で補っている。

エンマコオロギは、なぜ閻魔？

エンマコオロギは、漢字では「閻魔蟋蟀」と書き、閻魔様との共通点は、その恐ろしい顔。エンマコオロギの顔を正面からみると、触覚の間の目がつり上がり、仮面ライダーよりも、はるかに恐ろしい顔をしているのだ。その顔を閻魔様の怖い顔に見立て、この名になった——という説が有力だ。

その一方、羽が重なっている状態を「重《えん》羽《ば》」と呼び、それがなまったという説もある。

アブラゼミの「アブラ」は、どんな油？

食用油。「ジージー」という鳴き声が、食べ物を油で揚げるときの音と似ていることから、この名がつけられた。

なお、光沢のある羽が「油紙」を連想させるところからという説もある。

蝶（バタフライ）は、なぜバター＋フライ？

バタフライの語源ははっきりしない。英語の語源辞典には、多数の説が掲載されている。「バター色（黄色）をした飛ぶものだから、butter+flyで、バタフライ」「排泄物がバター色だから」「魔女が蝶に化けて、バターを盗むという俗信から」などの説が紹介されている。

近頃、ミノムシをあまり見かけないのは？

近年、ミノムシの数は激減し、とりわけ九州では絶滅寸前の状態に陥っている。

ミノムシはオオミノガの幼虫だが、中国から侵入したオオミノガヤドリバエという虫が卵を産みつけ、その幼虫がミノムシを食べてしまうため。

赤とんぼというトンボはいない⁉

いわゆる赤トンボは俗称であり、アキアカネとナツアカネの総称として使われている言葉。

アキアカネは、夏場は山地などの涼しいところで過ごし、秋になると平地におりてくる。一方、ナツアカネは、そうした移動をしないので、夏場、暑い時期に見かける赤トンボはナツアカネ。

10カ月間、着地しなくても生きていける鳥がいる⁉

ヨーロッパアマツバメは、ほとんど地面に降りない鳥として知られてきたが、観察チームによって、10カ月間、一度も着地することなく、飛びつづけた鳥がいたことが確認された。観察では、他の個体も、99・5％の時間は空を飛んでいたという。

では、いつ眠っているのかという疑問が湧くが、研究者らは、ヨーロッパアマツバメは上昇した後、滑空しながら下降するときに、〝仮眠〟をとることができるのではないかと、みている。

立つ鳥は本当に跡を濁さないのか？

「立つ鳥跡を濁さず」という言葉があるが、鳥は飛び立つときに糞をすることがある。

飛び立つときには腹に力がはいるうえ、

体重を少しでも軽くするという目的があるとみられる。
「カラスが人間に糞をかける」といわれるのも、この習性のため。

世界最大のブラックバスは、琵琶湖で釣り上げられた⁉

国際ゲームフィッシュ協会の認定によると、2009年7月2日、琵琶湖で釣り上げられたブラックバスが世界最大。体長73・5センチ、重さ10・12キロの大物で、それまでの記録を77年ぶりに破る大記録だった。
その後、ブラジルで1メートルを上回るブラックバスが上がったという話が流れてはいるものの、公認はされていない。

タツノオトシゴの仲間にタツノイトコ、タツノハトコ⁉

タツノオトシゴ（トゲウオ目ヨウジウオ科）の仲間には、タツノイトコ（ヨウジウオ亜科タツノイトコ属）とタツノハトコ（同）がいるというのは本当の話。
タツノイトコは、太平洋側の相模湾よりも南。
タツノハトコは、沖縄近海に生息している。

まな板の上の鯉は、本当におとなしいか？

まな板の上に乗せても、暴れる鯉は暴れる。

ただし、鯉には、側線器を撫でられると、失神するという性質があり、その部位を包丁などで撫でると、おとなしくなる。「まな板の上の鯉」ということわざは、この習性に由来するという見方が有力。

金魚のオスメスは、どうやって見分ける?

金魚のオスメスは、プロでも簡単には見分けがつかない。手にとり、肛門をつぶさに観察する必要がある。オスの肛門は細長く楕円形で、メスの肛門はやや丸みを帯び、横から見ると飛び出している。

ただし、繁殖期は、オスの体には特有の模様である追星《おいぼし》が現れるので、プロは一目でオスメスを識別する。

スズキ目ヒメジ科の魚が「オジサン」と呼ばれるのは?

ヒメジ科の魚には〝アゴヒゲ〟をもつものが多く、その一種は見た目から「オジサン」と呼ばれている。

オジサンは、ヒゲに感覚細胞を備え、ヒゲによって獲物を探しあてる。なお、英語では、ヒゲのあるヤギにたとえ、「ゴートフィッシュ」と呼ぶ。

ダイオウイカの寿命は?

通常、クジラやゾウなど、体の大きな生き物ほど、寿命は長いもの。ところが、深海の怪物ダイオウイカの寿命は、意外なほど短いとみられている。

体長14・3メートルのダイオウイカを分析したところ、約3歳と推定されたのだ。3年でそこまで成長するということは、ダイオウイカの寿命は3年〜5年ではないかと推定されている。

魚は日焼けするか？

魚も、日焼けする。たとえば、マダイは養殖するとき、生け簀の上に黒いシートをかけて育てるが、これは、そうしないと、クロダイのように黒く日焼けしてしまうため。

鯉も、浅瀬にすむものほど、日焼けして色が黒くなる。

最大のプランクトンの大きさは？

プランクトン（Plakton）は「浮遊生物」という意味。おおむねは微生物だが、泳ぐ力が弱い生物の総称なので、最大直径2メートルを超えるエチゼンクラゲも、定義上、プランクトンに含まれる。

さらに、海面を浮遊する魚、マンボウもプランクトンの仲間だという研究者もいるくらいで、その見解では、最大で四畳半ほどの〝プランクトン〟が存在することになる。

ミンククジラとミンクの関係は？

ミンククジラは、体長8メートルほどの

クジラ。小型クジラではあるが、小動物のミンクとは関係ない。明治の終わり頃、ノルウェー人のマインケという砲手が、日本の捕鯨船に乗り込んでいた。

彼は、今でいうミンククジラをよく捕獲したので、「マインケの（よく捕る）クジラ」といっていたのがなまり、ミンククジラとなった。

絶滅危惧種のフンボルトペンギンがなぜ日本に？

フンボルトペンギンは現在、世界で1万羽ほどまでに数を減らし、絶滅危惧種に指定されているが、そのうちの1600羽は、日本の動物園・水族館に〝生息〟している。

もともと、フンボルトペンギンは、南極ではなく、南米の太平洋岸に生息する。日本の気候で飼育しやすいうえ、孵卵器などの技術を使うと、本来の生息地以上に数が増えやすいのだ。

シロナガスクジラはなぜ腎臓が3000個もある？

シロナガスクジラは、3000個もの腎臓をもつ。独立した機能をもつ小腎が約3000個あり、それらが大きな袋に入ったような状態になっている。シロナガスクジラは、オキアミなどを飲み込むとき、大量の海水を一緒に飲み込む。そのため、膨大な量の塩分を処理する体機能が必要になったのだ。

クラゲに心臓はある？

クラゲには、心臓がない。哺乳類の循環器系に相当する「水管系」と呼ばれるシステムで、体細胞に酸素や栄養を送り込んでいる。なお、クラゲが傘を広げたりしぼめたりするのは、この水管系を働かせるためで、哺乳類などの心臓の拍動に匹敵する動きといえる。

ジュゴンとマナティの見分け方は？

ほとんど同じ姿をしている両者だが、尾の形で見分けることができる。ジュゴンの尾は逆V字形、マナティの尾はしゃもじのような丸い形をしているのだ。「まるい尾のマナティ」と、「ま」つながりで覚えると忘れにくい。

ヘビの長い体に、内臓はどうおさまっている？

人間の内臓は左右対象に並んでいるが、ヘビは体が細長いので、内臓が前後に収納されている。

二つある腎臓や精巣が、前後にずれておさまっているのだ。そもそも、ヘビの内臓は細長い形をしている。

ハナミズキの英語名が〝犬の木〟なのは？

ハナミズキは、英語では dogwood という。一説には、その煮汁が犬の皮膚病にきくからだという。

その一方、犬とは関係ないという由来説もある。ハナミズキはかたい木なので、昔はダガー（dagger＝短剣）の材料にした。その dagger が略され、dog になったという説も有力だ。

「古池や蛙飛び込む水の音」で、飛び込んだのは何蛙？

松尾芭蕉の代表句だけに真剣な研究が行われ、今のところ、ニホンアカガエルとトウキョウダルマガエルの2種が有力とされている。その根拠は、江戸下町という地域性と季節。ただし、「芭蕉は、蛙を見てもいないし、飛び込む音も聞いていない」という、イマジネーションから生み出された句という説が最有力。

カエルが目をつむってものを食べるのは？

カエルの眼球は、目をつぶったとき、口

の中にでっぱるような形になる。カエルは、その眼球でも食物をおさえ、喉の奥に押し込んでいる。

ものを食べるとき、カエルは目をつむって幸せそうな顔にも見えるが、それは獲物の美味しさを堪能している表情ではないのだ。

アベコベガエルって、どんなカエル？

南米に生息するアベコベガエルは、成長するにつれて体が小さくなる。オタマジャクシ時代は25センチほどもあるのだが、成体（カエル）になると、6〜7センチにまで縮まってしまう。そこから、この奇妙な名がつけられた。

郵便局に「多羅葉」が植えられているのは？

郵便局の敷地内には、「多羅葉《タラヨウ》」が植えられていることが多い。モチノキ科の常緑高木で、東京中央郵便局の前にも植樹されている。

1997年、旧郵政省は、この木を郵便局のシンボルツリーに定めた。その理由は、先の尖ったもので、この木の葉に字を書くと、鉛筆で書いたように黒く残り、古来、ハガキの木とされてきたため。

松田聖子が歌った『赤いスイトピー』は存在するか？

松田聖子の『赤いスイトピー』は、19

82年1月発売の8枚目のシングル。ただし、当時のスイトピーは、白やレモンイエローなどが主流で、ピンク色はあったが淡いパステルカラーのものだった。

ところが、この歌の影響で、赤いスイトピーを目指した品種改良が進められ、赤系統の色の花がつくられてきた。

2012年には、ムジカスカーレットという、ほぼ赤といっていい赤紫のスイトピーが開発されている。

「やばい」って、どんな花？

ひらがなで書くと、「やばい」になる花がある。

漢字で書くと「野梅」で、野生の梅、野に咲く梅のこと。

今は、野梅から改良された品種を「野梅系」と呼ぶ。花も葉も小ぶりなタイプで、盆栽によく使われている。

◆まだまだ続く！　鳥・魚・昆虫・植物の話題

□**アリは南極にはいない。** アリの分布地域は、熱帯から冷帯まで。アイスランド、グリーンランド、そして南極大陸には生息しない。

□**いわゆるダンゴムシは外来種。** ヨーロッパ原産と推定され、明治時代に日本に入ってきた。正式名は、オカダンゴムシ。

□**「カメムシは、臭いを使って鳥から身を守っている」というのはウソ。** 鳥はすぐに臭いになれ、平気で食べてしまう。ただし、あの臭いは、アリに対しては有効。

□**ワシとタカ、オウムとインコ、クジラとイルカ、サケとマス、蝶と蛾——これらに、明確な線引きはできない。**

□**ホタルの成虫は、ものを食べない。**体が繁殖に特化した形に進化し、口は退化して、水を吸うことしかできないのだ。成虫は、幼虫時代にたくわえた栄養によって繁殖作業を行い、それが終われば死ぬのを待つばかり。

□**スズメのオスとメスは、専門家でも見分けられない。**

□**日本には2種類のカラスがいて、ハシブトガラスは「カーカー」、ハシボソガラスは「ガーガー」と鳴く。**住宅街や街で見かけるのは「ハシブト」のほう。

□**モンシロチョウは、外来種。ただし、日本に来たのは奈良時代のこととみられる**

から、相当の古株。アブラナ科の野菜（大根など）に、卵がついていたと考えられている。

□すべての鳥の6割は「スズメ目《もく》」。世界には約1万種の鳥がいるが、スズメ目の鳥が約6200種もいる。身近な鳥では、ツバメはもちろん、カラスもスズメ目。

□ナベヅルは小型のツルで、世界に生息する数は1万羽程度。その80〜90％が鹿児島県の出水《いずみ》市で冬を越す。なお、ナベヅルという名は、体色が黒灰色で、鍋底の煤の色に似ているところから。むろん、漢字では「鍋鶴」と書く。

□コノハズクは、全長20センチの日本最小のフクロウ。漢字では木葉木菟、木葉梟と書き、その名前は「木の葉のように小さなミミズク」という意味。

☐**シラサギは、コサギ、チュウサギ、ダイサギの総称。**サギ科の白い鳥の総称であり、シラサギという名の鳥がいるわけではない。なお、コサギは体長60センチ程度、チュウサギは体長68センチ程度、ダイサギは体長90センチほどの鳥。

☐**北半球の鳥は、南半球の鳥に比べて、ヒナの数が多い。**北半球では、厳しい冬を越さねばならないことが多く、ヒナの生存率が低いためとみられる。

☐**イギリスでは、12世紀以来、野生の白鳥は女王の所有物とみなされている。**かつて、白鳥が儀式用の食事に用いられたことなどからの慣習法。近年、この法の存在を知らなかった外国人が白鳥を捕まえ、罰金刑に処せられている。

☐**「カマキラズ」というカマをもたないカマキリがいる。**カマキリ目の下位分類のカマキラズ科に属する昆虫。

□**水族館で与えるエサは、新鮮なものでも、一度冷凍されている。**寄生虫の害を防ぐため。寄生虫やその卵は、マイナス25度になると、死滅するのだ。

□**カブトガニの血液の値段は、1リットル150万円もする。**カブトガニの血液が、感染症や新薬のテストに使われているため。なお、カブトガニの血液は、酸素を運ぶために鉄ではなく、銅を利用しているため、青い。

□**魚のイワシは、ロシア語でもイワシ。**日本語から取り入れた名前で、発音は「イヴァシー」に近い。

□**コペンハーゲン大学の研究チームが、科学誌「サイエンス」に発表した論文によると、ニシオンデンザメの個体の平均寿命は272歳、一頭は392歳と推定されたという。**現在のところ、脊椎動物のなかでは、これが最長寿記録。

□**イワナとアメマスは同じ魚。**川に残る陸封型がイワナで、海に下る降海型がアメマスとなる。

□**タラバガニがヤドカリの仲間なのは有名な話だが、花咲ガニもヤドカリの仲間。**

□**伊勢エビは、三重県よりも、千葉県のほうが水揚げ量が多い年もある。**ただし、千葉産があまり知られていないのは、千葉の海老も伊勢エビとして売られているから。

□**電気ウナギは、自分も感電している。**ただし、分厚い脂肪で体が覆われているので、それが絶縁体となって、ダメージは受けない。

□**サザエには、貝殻に、ツノのあるタイプとないタイプがあり、業界では、ツノの**

ないタイプを「丸腰」と呼んでいる。一般に、波の荒い場所のサザエにはツノができ、穏やかな海にすむサザエは「丸腰」になる。

□**ニジマスも、外来種。**こちらは、明治10年、アメリカから卵が持ち込まれた。

□**ウーパールーパーと呼んでいるのは、日本だけ。**〝本名〟のアホロートルでは売れないだろうと、ひねりだされた商品名。

□**オウサマペンギンのヒナは、冬に備えて大量に食べ、一時的に親よりも大きくなる。**

□**タイは、スズキ目タイ科の魚。**そのため、イシダイ（イシダイ科）、キンメダイ（キンメダイ科）、アマダイ（キツネアマダイ科）、アコウダイ（フサカサゴ科）、

ブダイ（ブダイ科）は、タイの仲間とはいえない。

□**和名が最も長い植物は、「リュウグウノオトヒメノモトユイノキリハズシ」（龍宮の乙姫の元結の切りはずし）**で、これはアマモの別名。一方、短い名前は「イ」（イグサのこと）。

□**食用ガエル（ウシガエル）の飼育は、2006年から禁止されている。**許可なく飼育すると、100万円以下の罰金。放流を目的とした場合には、3年以下の懲役か、300万円以下の罰金と、罪はさらに重くなる。

□**カタツムリの角は、じつは目。**大きな角（大触覚）の先に、目がついているのだ。ただし、視力は明暗を感じる程度で、像は結んでいないとみられる。

☐**カタツムリの殻の材料は、カルシウム。**そのため、石灰岩地帯には、多数のカタツムリが住み、固有種もよく発見される。

☐**アサガオの咲く時間は、日の出とは関係がなく、前日の日の入りと関係する。**おおむね、前日の日没から8～9時間後に咲きはじめる。

☐**日本の「国菌」（国の細菌）は、麹菌。**２００６年、日本醸造学会によって決められた。

☐**ニシキギ科の植物「マユミ」は、弓を作るのに用いたことから、この名になった。**漢字では「真弓」のほか、「檀」とも書く。女優の檀れいは、本名の下の名前が「まゆみ」であるところから、芸名を「檀」にした。

□**「アアソウカイ」という植物がある。**漢字で書くと「亜阿相界」。原産地のマダガスカルが、アジアとアフリカの境界であることに由来する。なお、漢字では、アジアは亜細亜、アフリカは阿弗利加と書くので、「亜阿」となる。

□**生涯、たった2枚しか葉をつけない植物がある。**ウェルウィッチアという植物で、最初に芽を出した2枚の葉が大きく成長していく。その植物の和名を「奇想天外」という。

□**ヒマラヤスギは、杉ではなく、マツ目マツ科の植物。**英名のcedarを誤訳したのが、誤解の発端とみられる。

□**広がった松ぼっくりは、1時間ほど水につけると、しぼむ。**松ぼっくりには、雨の日には閉じて種を守り、晴れた日には開いて種を飛ばすという性質がある。

□**ヤシの実は、海を漂って渡るというが、それで生息範囲を広げたわけではない。**
海を渡ると、発芽しなくなるのだ。人間が船で運んで広めたというのが現実。

□**アジサイには毒があり、葉や茎、花を食べると、嘔吐や痙攣などの症状を起こす。**
過去、料理に添えられた葉などを食べ、中毒症状を訴えるというケースがしばしば起きている。

□**パンジー（Pansy）の名は、フランス語で思いや考えを意味するPensee（パンセ）に由来する。**パンジーの花が前に傾いて咲き、思索にふけっているようであることから。

□**アサガオは、ヒルガオ科の植物。**

□**「飛んで火に入る夏の虫」は蛾。**とりわけ、光に集まるヒトリガ（火取蛾、灯取蛾と書く）が〝モデル〟とみられる。

□**普通の金魚もかなりの近視だが、目が飛び出したチョウテンガンなどは、目がほとんど見えていないとみられる。**

□**チョウザメの口には、歯が一本もないので、噛まれても痛くもかゆくもない。**そこで、チョウザメに指を噛ませるというパフォーマンスを行っている水族館もある。

□**シーラカンスは古代ギリシャ語で「中空の脊柱」という意味。**この古代魚が、背骨の代わりに、軟骨でできた中空の脊柱をもつことから。

□**マッコウクジラは3頭身。**大きな頭の中には「脳油」と呼ばれる液体が4トンも詰まっている。その重みを利用して、マッコウクジラは最深3000メートルの深海にまで潜っていく。

□**Suicaのペンギンはアデリーペンギンとされ、南極から東京にやってきたことになっている。**

編者紹介

話題の達人倶楽部
カジュアルな話題から高尚なジャンルまで、あらゆる分野の情報を網羅し、常に話題の中心を追いかける柔軟思考型プロ集団。彼らの提供する話題のクオリティの高さは、業界内外で注目のマトである。本書では、グルメ、スポーツ、芸能、日本語から、地理、歴史、科学、生物、健康まで、森羅万象の雑談の「タネ」を集めに集めた。驚かす！ 惹きつける！ 盛り上げる！どんな相手も必ず“陥落”する、即効トークの秘密、教えます！

すごい会話《かいわ》のタネ700

2017年 9月15日 第1刷

編　者　話題《わだい》の達人倶楽部《たつじんくらぶ》

発行者　小澤源太郎

責任編集　株式会社プライム涌光
電話　編集部　03(3203)2850

発行所　株式会社青春出版社
東京都新宿区若松町12番1号〒162-0056
振替番号　00190-7-98602
電話　営業部　03(3207)1916

印刷・大日本印刷　製本・ナショナル製本

万一、落丁、乱丁がありました節は、お取りかえします

ISBN978-4-413-11228-4 C0030

ISBN978-4-413-11074-7
本体1000円+税